**EUGENIO MAGGIO GONZALEZ**

**EL SUN TZU APLICADO A LA COMPETENCIA POR EL MERCADO**

EUGENIO MAGGIO GONZALEZ

# EL SUN TZU APLICADO A LA COMPETENCIA POR EL MERCADO

EUGENIO MAGGIO GONZALEZ

**EL SUN TZU APLICADO A LA COMPETENCIA POR EL MERCADO**

1ª edición
ISBN: 978-1-300-66287-7
Impreso en Chile / Printed in Chile
Ediciones Habilitas

**EUGENIO MAGGIO GONZALEZ**

*Dedicatoria*
*A mis queridos nietos Mariano, Rafaella y Santino*

# EL SUN TZU APLICADO A LA COMPETENCIA POR EL MERCADO

**EUGENIO MAGGIO GONZALEZ**

## Índice

**Primera Parte**

El Sun Tzu aplicado a la competencia por el mercado...................................................**9 -73**

**Segunda Parte**

El Sun Tzu aplicado a la Empresa..................**74-145**

**EL SUN TZU APLICADO A LA COMPETENCIA POR EL MERCADO**

**EUGENIO MAGGIO GONZALEZ**

# I PARTE

## EL SUN TZU APLICADO A LA COMPETENCIA POR EL MERCADO

*"Entendamos el arte de la Guerra y prevaleceremos, ignorémoslo y lucharemos en la oscuridad"*

*Sun Tzu*

Gran parte de la historia del comercio y en especial en las empresas, las industrias, las compañías, etc., se han definido en el campo de la competitividad. Hubo un hombre que transformó en libro "El Arte de la Guerra", este hombre se llamó Sun Tzu, del cual hoy en día muchos empresarios, gerentes, directivos han extraído muchas de las enseñanzas aplicadas en la guerra llevándolas a los negocios, mediante la aplicación de estrategias y tácticas que son propias de la guerra, pero no por ello no aplicables a los negocios.

## EL SUN TZU APLICADO A LA COMPETENCIA POR EL MERCADO

Si empezamos nuestra historia veremos que hace mucho años atrás, casi 2500 años un rey chino tenía un problema, es decir un gran problema, su reino que era defendido por 30.000 guerreros, se veía enfrentado a una fuerza mayor que lo estaba asediando. Esta fuerza era diez veces mayor que la suya, compuesta realmente por 300.000 mil soldados. La pregunta es ¿debía enfrentarlos cara a cara? ¡Un gran dilema! ¿No?, pues enfrentar a un ejército diez veces mayor sería realmente un suicidio y un suicidio que no solo le significaría la derrota sino también la pérdida de su reino ¿Qué hacer?

Sin lugar a dudas y a sabiendas que tiene al frente a un enemigo hostil, el rey pregunta si existe un hombre que pueda solucionar el grave problema por el que atraviesa su reino y su propia persona.

De todas las respuestas que recibe y luego de un breve estudio, se decide por convocar a un hombre que para cualquiera que lo hubiese conocido hoy día, era una de las mentes militares más brillantes de la historia, pero que para el rey en ese entonces era un desconocido. Este hombre era Sun Tzu, estratega, filósofo, creador de "El Arte de la Guerra", que con su filosofía holística y cohesiva nos enseña cómo abordar la estrategia. De manera que si escuchamos a Sun Tzu y aplicamos sus principios, resultaremos vencedores, pero si por el contrario desconocemos esos principios, lo haremos bajo nuestro propio riesgo, ya que sin lugar a dudas perderemos, en nuestro afán de derrotar a la competencia.

El rey lo interroga y Sun Tzu le asegura al rey que él puede entrenar al pequeño ejército de que dispone para superar a las fuerzas del enemigo que lo asedia en gran número y además le expresa que puede derrotar a ese ejército invasor y aún vencerlo.

El rey sorprendido por lo que asevera Sun Tzu y que a primera vista resulta prácticamente imposible, reta al maestro en tono casi burlón y le dice:- ¿Tú aseguras que puedes convertir a cualquiera en soldado?- y conjuntamente con hablar en tono burlón, mira hacia las mujeres que estaban en el palacio y que han pasado durante toda su vida entre lujos, que han sido entrenadas desde su nacimiento en al arte del placer y que no saben nada del mundo, más allá de la corte del rey y le dice mirando nuevamente a Sun Tzu - ¿Puedes convertir a estas mujeres de palacio, a estas concubinas mimadas y delicadas en una fuerza de ataque?- y Sun Tzu le respondió al rey sin dar lugar a dudas: - ¡Por supuesto que puedo!- ¡Demuéstramelo! y te creeré!-. Le dice incrédulo el rey.

Sun Tzu, se dirige al numeroso grupo de mujeres y les enseña cuales son las maniobras importantes, separa al grupo en dos y enseguida elige a las dos concubinas mayores para que sean las líderes de cada uno de los pelotones y les encarga de asegurarse de que se observe la disciplina en cada una de sus unidades. Pero, cuando

## EL SUN TZU APLICADO A LA COMPETENCIA POR EL MERCADO

Sun Tzu ordena que comiencen el ejercicio, las mujeres simplemente se echan a reír.

Sun Tzu dice: -¡Bueno quizás mis instrucciones no estuvieron claras para ustedes, ahora voy a reformular mis instrucciones!- y en lenguaje simple les dijo a las concubinas que cuando redoblaran los tambores, ellas debían formarse como soldados, usar las lanzas y las espadas y cerrar filas. En esta segunda vez del ejercicio, las concubinas siguieron riéndose entonces, Sun Tzu dice:

*"Que si las órdenes no están claras y las tropas no obedecen, la culpa es de el general, pero si las órdenes son claras (y las suyas habían sido muy claras) entonces era culpa de los oficiales subordinados de que estas órdenes fueran obedecidas"*

Hay una sola manera mediante la cual Sun Tzu convence a las concubinas de que está hablando en serio y de espaldas al grupo, desenvaina su espada, se da media vuelta y de un solo golpe cercena la cabeza de ambas líderes.

Para Sun Tzu la guerra es un asunto de vida o muerte. Este es el principio clave de sus enseñanzas, de manera que una vez comprendido, desde el líder hasta el soldado raso estarán motivados a ganar.

Sun Tzu nombra a dos nuevos oficiales. Ahora las mujeres siguen sus órdenes sin dudar y la gran moraleja de este incidente y que el rey se da cuenta es que incluso un reino pequeño como el de él, que es relativamente débil en términos numéricos comparado con el ejército que lo está amenazando, puede ostentar una fuerza militar disciplinada y efectiva si se toman a pecho las enseñanzas de Sun Tzu y las implementa en sus fuerzas armadas.

Pese a que esas mujeres nunca irán a batalla, Sun Tzu ha demostrado su punto y entonces el rey, nombra a Sun Tzu como comandante de su ejército.

Sun Tzu ahora debe honrar su promesa de entrenar una fuerza de treinta mil hombres para luchar contra un ejército diez veces mayor. Las estrategias y las tácticas que él usa, vienen de su obra "El Arte de la Guerra" escrito como se expresó hace casi 2500 años. Dentro de los trece capítulos del Arte de la Guerra yacen los secretos del éxito. *De manera tal que si se entiende El arte de la Guerra y sus principios, se puede predecir el resultado de las guerras y batallas.*

En una empresa, compañía, industria u organización que se enfrente con otra, por ganar un mercado, un segmento del mercado y finalmente desplazar a esa empresa de ese mercado, hay que tomar en cuenta el ejemplo anterior:-

*1.- Las órdenes que imparta el directivo líder de la organización deben ser claras y comprensibles a objeto*

## EL SUN TZU APLICADO A LA COMPETENCIA POR EL MERCADO

de que sean comprendidas, obedecidas y acatadas por toda la organización y esta actúe como un solo cuerpo para alcanzar el objetivo.

**2.-** Si las órdenes son claras y éstas no son obedecidas, o acatadas por los gerentes intermedios en su totalidad o por algún gerente en particular, entonces deberemos separar a quienes no cumplan con las órdenes y reemplazarlos por nuevos gerentes o jefes, que sean disciplinados.

**3.-** No importa si nuestra empresa es pequeña, mediana o grande en comparación con otra. Si tenemos una empresa disciplinada podremos subsistir, e incluso vencer a la competencia.

**4.-**Si nuestra empresa es pequeña o mediana y deberemos competir con una empresa que tenga las mismas condiciones o incluso sea más grande que la nuestra, entonces los directivos deberán preparar y entrenar a su personal para el enfrentamiento, cuando este tenga lugar.

**5.-** Puede que nunca tengamos que competir, sin embargo la organización siempre deberá estar preparada para enfrentar a la competencia venga de donde venga, aplicando estrategias y tácticas de acuerdo con el terreno en donde podríamos enfrentarnos.

El Arte de la Guerra está lleno de muchos conceptos importantes, pero hay tres principios claves que destacan y unifican la filosofía de Sun Tzu.

*Sun Tzu dice:*

*"Conoce a tu enemigo y conócete a ti mismo y en cien batallas nunca estarás en peligro. En El arte de la Guerra el entendimiento de tu oponente es crucial para la victoria"*

*Sun Tzu dice:*

*"Ganar cien batallas no es lo máximo de tus destrezas, someter a tu enemigo sin luchar lo es. Las batallas cuestan vidas y dinero. Sun Tzu aprecia al general que pueda superar a su oponente con la inteligencia más que con la fuerza"*

*Sun Tzu dice:*

*"Evita lo que es fuerte, ataca lo que es débil".* A lo largo de la historia, los ejércitos pelean cuerpo a cuerpo en el campo de batalla para demostrar su fuerza y su valor, pero a Sun Tzu no le importa la gloria. El solo desea ganar.

A pesar de que cada principio es importante hay que pensar en ellos como en cuerdas de una soga muy fuerte.

## EL SUN TZU APLICADO A LA COMPETENCIA POR EL MERCADO

Eventualmente pueden ser fuertes pero cuando se ponen juntos de manera holística, son inquebrantables.

Por más de mil años los secretos de "El Arte de la Guerra" escritos por Sun Tzu, permanecieron ocultos y sólo accesibles para reyes, emperadores y estudiosos autorizados, pero estos secretos ocultos salieron a la luz en el siglo VIII en Japón y desde entonces sus conceptos se han extendido por todo el mundo. Hoy el libro El Arte de la Guerra, es aplicable en campos tan disímiles como la política, los deportes y los negocios.

*Muchas veces estos consejos no siempre son atendidos en su aplicación a los negocios lo que se traduce finalmente en un desastre para las empresas.*

*Si muchos ejecutivos hubiesen leído los consejos de Sun Tzu aplicados a los negocios no hubiésemos tenido que ver la desaparición de muchos empresas en esta guerra tan competitiva entre una empresa y otra.*

El enfoque de Sun Tzu era muy simple. ***¿Cómo alcanzo los objetivos con el mínimo de los recursos utilizados y la mínima cantidad de destrucción?***

Los principios de Sun Tzu están a punto de ponerse a prueba, Sun Tzu ha estrenado al ejército que le entregó el rey a defenderse contra el poderoso ejército de 300.000 mil hombres que estaba asediando al pequeño reino que contaba solo con 30.000 mil soldados. Por lo que se puede apreciar el gran ejército que estaba al asedio, parecía tener todas las ventajas, ya que podía movilizar en un instante a cientos de miles de hombres.

Sun Tzu se entera que al mando de los 300.000 mil guerreros del ejército que está asediando el pequeño reino, se encuentra un primer ministro corrupto y hambriento de poder. Este primer ministro había dejado en su camino una estela de destrucción a través de la campiña china.

Superado numéricamente de diez a uno Sun Tzu podía preparar sus defensas y esperar el ataque del ejército contrario, pero como se trataba de Sun Tzu, este hace lo inesperado "invade los terrenos del otro reino" Obviamente que Sun Tzu, no ataca de frente al ejército contrario, ya que hubiese sido un suicidio, sino que escoge objetivos débiles como puestos de avanzadas remotos y pasos de frontera. De haberlo hecho de otra manera, habría sido poco inteligente si hubiese buscado una contienda divisoria, en una etapa temprana de la guerra, atacando de frente al ejército contrario ya que no contaba con recursos suficientes para hacerlo. Al atacar estos puntos débiles, Sun Tzu lo hace con impresionante velocidad y brutal eficiencia. Esto lleva al primer ministro del ejército asediador a lanzar una contraofensiva, pero cuando llegan sus refuerzos, los soldados de Sun Tzu ya se han ido y están atacando la siguiente locación.

## EL SUN TZU APLICADO A LA COMPETENCIA POR EL MERCADO

Al tener a los ejércitos del primer ministro del ejército atacante, moviendo constantemente su fuerzas de un lado a otro de la frontera, Sun Tzu frustra a los líderes y se forma una mejor idea, de cómo le gusta pelear al ejército contrario. Después de cada batalla Sun Tzu va comprendiendo mejor a su enemigo.

El desestima el valor del ataque directo y enfatiza en la maniobra, la sorpresa y el engaño.

De lo anterior se desprende que todas las tácticas de guerra deberían basarse en el intelecto, de hecho, las grandes batallas de la historia han sido ganadas por la mente y no por la fuerza bruta.

Los ataques sorpresivos y las maniobras realizadas por Sun Tzu, no disuaden al primer ministro del ejército contrario, y este utiliza casi 100.000 soldados para intentar sofocar los ataques de la guerrilla.

*Si lo anterior lo aplicamos a la empresa en nuestro enfrentamiento con la competencia tendremos que:*

*1.- Si somos una empresa pequeña o mediana que debe enfrentarse con una empresa grande que nos está asediando competitivamente por un mercado o un segmento del mercado y en donde ella tiene todas las de ganar porque cuenta con muchos más recursos de los que tenemos nosotros,* **jamás deberemos atacar de frente.**

**2.-** *Deberemos conocer en base a la información proporcionada,* **quienes son los líderes de la empresa competidora,** *conocer, sus éxitos, sus debilidades, sus fracasos, sus fortalezas, sus aspiraciones, su comportamiento en el mercado, su nivel de vida, su familia, en general todo aquello que nos proporcione el máximo de información para saber con quién nos enfrentamos y elaborar nuestra estrategia.*

**3.-** *Si nos enteramos que seremos atacados o visualizamos que podríamos ser atacados por la competencia, deberemos encontrarnos preparados, pero sabiendo que nos enfrentamos a una empresa que es más grande que la nuestra, que posee mayores recursos, entonces, deberemos buscar las debilidades de la competencia, los puntos débiles que tiene y atacar esos puntos débiles. En otras palabras "invadir su terreno" en los puntos débiles, ya que no contamos con los recursos suficientes para un enfrentamiento frente a frente.*

**4.-** *Al atacar los puntos débiles de nuestra competencia, deberemos hacerlo en forma rápida y eficiente, de manera tal que la sorprendamos y le cueste reaccionar., pero una vez que se reponga de la sorpresa, tener en cuenta que nos atacará con todas su fuerzas, pero cuando eso suceda, ya estaremos buscando otro terreno para atacar.*

## EL SUN TZU APLICADO A LA COMPETENCIA POR EL MERCADO

*5.-Si somos pequeños y utilizamos un ataque de guerrilla, produciremos desorientación en la competencia por un lado y por el otro podremos enterarnos de su capacidad de respuesta, de los recursos que utiliza y de la forma en que nos enfrenta. Con esto podremos ir conociendo mucho mejor a la competencia.*

*6.- Al enfrentarnos en la lucha por el mercado con una gran empresa que tiene mayores recursos que los nuestros, deberemos desestimar el ataque directo y poner énfasis en nuestra maniobrabilidad, en la sorpresa y en el engaño.*

*7.- Quien gana en un enfrentamiento competitivo es el que usa mejor su mente y su intelecto.*

## EL JUEGO DEL AJEDREZ Y EL JUEGO CHINO DEL GO

**El juego del Ajedrez** se basa principalmente en el desgaste. Se empieza con muchas piezas en el tablero que van siendo eliminadas y al final solo quedan unas pocas piezas en el.

El objetivo del ajedrez es forzar al oponente a rendirse eliminando sus piezas. Cada pieza tiene su propio rango y pueden moverse solamente de una manera específica y el objetivo final del ajedrez **es matar al rey**.

En contraste al ajedrez, el juego chino de **GO**, comienza con un tablero vacío y se usa la menor cantidad de piezas posible para ganar tanto territorio como se pueda y en ese sentido es una estrategia muy eficiente de utilización de los recursos.

El objetivo del **GO** no es la destrucción de la fuerza del oponente sino la conquista de su espacio. El objetivo del **GO** es capturar la mayor cantidad de territorio con el menor número de piezas.

Utilizando una estrategia parecida al **GO**, Sun Tzu decide donde y cuando luchar. Evita la parte más fuerte del ejército del primer ministro y ataca donde es más débil.

Las tácticas de guerrilla de Sun Tzu contra las fuerzas de su oponente resuenan a través de la historia y su aplicación la podemos ver en numerosos ejemplos.

## *LA GUERRA DE VIETNAM*

### *Aplicación de los principios de Sun Tzu*

A mediado de los años sesenta la más grande superpotencia del mundo lucha contra los norvietnamitas en un país 2 veces más pequeño que el estado de Rio de Janeiro. Las fuerzas Norteamericanas están al mando del

## EL SUN TZU APLICADO A LA COMPETENCIA POR EL MERCADO

general William Westmoreland, quien ve el campo de batalla como un tablero de ajedrez en el que los ejércitos dan la batalla frente a frente, pero a diferencia del ajedrez, Vietnam no tenía un objetivo claro para que el general atacara, ya que las lecciones que él había aprendido en la Segunda Guerra Mundial, no aplicaban totalmente en Vietnam ya que no había objetivos fijos que atacar o unidades fijas que destruir.

Su oponente era el general vietnamita Nguyen Giap ve a Vietnam como lo vería Sun Tzu, es decir como un tablero de **GO**. En lugar de enfrentarse a la abrumadora fuerza estadounidense el usa fuerzas insurgentes, el Vietcong, para ejecutar ataques y huidas sorpresas por todo el país.

En esta guerra, se ven operaciones muy similares a las utilizadas por Sun Tzu en las tácticas y operaciones efectuadas por el estratega en su lucha contra el reino comandado por el primer ministro.

Giap ha aprendido el principio de Sun Tzu que dice *"lo más importante es superar a tu enemigo con la mente, más que con la fuerza"* y la táctica y estrategia aplicada por Giap consiste en el no uso excesivo de las armas de fuego, y que serán lo que cause que Estados Unidos pierda la guerra. Una derrota que Sun Tzu predijo miles de años antes.

**Sun Tzu dice:**

## EUGENIO MAGGIO GONZALEZ

*"En la guerra los números no confieren ventaja. No avances solo apoyándote en la fuerza militar"*

A mediado de la década de los sesenta en Vietnam el general Westmoreland ordena intensos bombardeos aéreos. Estados Unidos lanzaría finalmente casi siete millones de bombas en Indochina durante la guerra, más del doble del peso de todas las bombas lanzadas durante la Segunda Guerra Mundial, pero los estadounidenses están a punto de aprender la lección de Sun Tzu de la manera más dura, pues a pesar del avasallante poderío militar y del valor de sus soldados Los Estados Unidos no pueden ganar esta guerra.

Entre 1969 y 1975 los norvietnamitas libraron una guerra desesperada en contra del gobierno de Vietnam del Sur y de sus aliados estadounidenses y aunque eran superados en armas y en cómo se libró la guerra y los vemos a través de los ojos de Sun Tzu es obvio porqué prevalecieron.

Westmoreland usa una estrategia inspirada en el ajedrez, es decir detener el avance comunista, aniquilando a los norvietnamitas y miembros del Vietcong, por el contrario, el adversario de Westmoreland el general Giap, usa preferiblemente la estrategia de Su Tzu similar al **GO**.

## EL SUN TZU APLICADO A LA COMPETENCIA POR EL MERCADO

Westmoreland intenta desgastar al enemigo intentando matar a tantos como sea posible, por su parte Giap, observa la situación desde una perspectiva de **GO** intentando enfocarse, en cómo ganar tanto territorio como sea posible y luego derrotar al enemigo.

Para combatir el bombardeo aéreo estadounidense Giap recurre a un principio básico de **Sun Tzu:**

*"Conoce a tu enemigo y conócete a ti mismo y en cien batallas nunca estarás en peligro"*

De la manera como los estadounidenses funcionaban frecuentemente eran predecibles. Preparaban una zona de aterrizaje a través de ataques de artillería y aéreos, y luego traían las tropas. Giap reconoció esto y se dio cuenta que si podía hacer que sus soldados se agacharan y sobrevivieran a los ataques de artillería, cuando las tropas estadounidenses aterrizaran podrían tenderles emboscadas y someterlos.

Las bombas estadounidenses no destruyen al enemigo, simplemente telegrafían que la infantería estadounidense está en camino.

Giap también les ordena a sus soldados mantenerse lo más cerca posible de los soldados estadounidenses. El Vietcong no tiene táctica aérea por lo que también entienden que una vez que sus posiciones sean identificadas en cualquier batalla, serán acribillados desde el aire. ¿Cómo compensar esto? Entonces el general Giap decide agarrar al enemigo por la cintura, dicho de otro modo, cierras filas con el enemigo, entremezclas tus fuerzas con las suyas para que ellos no puedan ejecutar un ataque aéreo sin hacer daño a sus propias tropas.

Libre de las bombas, Giap lanza contra las tropas terrestres estadounidenses un ataque de guerrilla inspirado en Sun Tzu. Tiende emboscadas, trampas con granadas de mano y recurre a francotiradores.

Lo que Giap comienza a aplicar son ataques de desgastes en contra de los estadounidenses y a Sun Tzu le agrada esta idea, ya que al forzar al enemigo a maniobrar y a responder, el revela sus fortalezas y debilidades y mientras más conoces sus fortalezas y debilidades puedes evitar las primeras y explotar las últimas, y la principal debilidad de Estados Unidos en esta guerra, no está en el campo de batalla.

La debilidad de los Estados Unidos no estaba ni estuvo nunca en Vietnam, Estados Unidos nunca perdió una batalla en Vietnam, sino que perdió en la resolución del pueblo norteamericano de seguir la guerra.

Giap se dio cuenta de esto desde el comienzo y no trató de derrotar a los Estados Unidos en Vietnam, sino en los mismos Estados Unidos. Giap sabe que si puede volver al pueblo estadunidense en contra de la guerra, puede derrotar a las poderosas fuerzas armadas de ese país.

A comienzo de la guerra casi el 80% de los estadounidenses apoyaban las acciones militares en Vietnam. Entre 1965 y 1967 el presidente Johnson, aumenta dramáticamente las fuerzas militares de 190.000 a casi medio millón, pero más soldados, significan más bajas. Entre 1959 y 1965 Estados Unidos había sufrido 2000 bajas en batalla, pero luego en 1965 pasaron a 6000 y más tarde en el 1967 a 11.000. Esto sucedió porque Westmoreland estaba actuando en una estrategia basada en el desgaste. El quería dar batalla a los norvietnamitas y dar muerte a todos los soldados que pudiese y por supuesto esto llevó a mayores bajas entre los soldados estadounidenses.

Ignorando el aumento en las bajas y la potencial reacción violenta a nivel político, Westmoreland persiste en su estrategia similar al ajedrez.

Uno no gana una guerra ganando batallas, este es un concepto muy arcaico. Roma lo aprendió, lucharon cuarenta años en España, treinta años en Inglaterra y no pudieron controlar la insurgencia.

Guerras, batallas y operaciones militares no son más que medio para un fin, medios para la consecución de objetivos estratégicos, por cierto esos objetivos casi siempre son políticos. Lo que sucede con los hombres de las fuerzas armadas es que dicen que bailan al ritmo que les toquen, los militares tienen un truco que es la guerra y lo que sucede con ellos es que las guerras y las batallas se vuelven el fin en sí mismas, sin considerar si conducen o no al máximo objetivo estratégico que es quebrantar la voluntad del enemigo.

Pero sin importar lo sangriento que pudiera tornarse el campo de batalla, la voluntad de los vietnamitas nunca se quebrantó. Es famosa la afirmación de Giap, de que estaba dispuesto a perder diez hombres por un estadounidense.

Muchos soldados norvietnamitas usaban un tatuaje que decía: **"Nacido en el norte para morir en el Sur"** y esta era la diferencia que Giap sabía, que le permitiría derrotar a los estadounidenses, que ahora tenían más de medio millón de soldados en Vietnam, muchos de los cuales no querían estar allí.

Los reclutas querían salir de ese país, todos llegaban con la fecha de regreso fijada en algún lugar de sus cabezas. Se decían **"en esta fecha es cuando quiero estar de vuelta"**. Así que era muy difícil estrenarlos para que hicieran lo que se suponía que debían hacer las fuerzas de operaciones especiales, para sofocar una insurgencia, de manera que si se junta todo esto, veremos que tenemos un fallo de pensamiento estratégico. Un fallo en apreciar

## EL SUN TZU APLICADO A LA COMPETENCIA POR EL MERCADO

el contexto cultural y por lo tanto una falla en desarrollar estrategias efectivas.

Para combatir a la insurgencia de Giap, Westmoreland inicio misiones de búsqueda y destrucción a través de Vietnam del Sur, él cree que está desarraigando con éxito a los insurgentes de Giap, pero un informe del Pentágono que se mostró después de la guerra, nos muestran lo equivocados que estaban.

Se percataron de que en más del 80% de los casos en que los soldados estadounidenses luchaban en contra de los soldados de Vietcong, era en realidad el enemigo el que escogía la hora y el lugar de la emboscada. En algún momento dado no buscaban ni destruían nada, si el enemigo no quería luchar, entonces dejaban que los estadounidenses dieran tumbos entre la maleza, pero cuando ellos querían luchar, escogían el momento y el lugar.

Las tácticas de guerrilla de Giap estaban funcionando, pero su estrategia inspirada en Sun Tzu, es repentinamente anulada por las órdenes de sus superiores, quienes le ordenan planificar una ofensiva directa y de escala total en contra de las fuerzas estadounidenses. Giap sabe que es suicida y en vez de eso modifica el plan.

Volviendo a los principios de Sun Tzu, el decide coordinar un ataque simultáneo y múltiple en cientos de locaciones distintas de Vietnam del Sur. La fecha, 31 de diciembre de 1968, el año lunar vietnamita llamado "Tet".

**En estas experiencias aplicadas a la empresa podríamos establecer lo siguiente:**

*1.-* *¿Aplicará su estrategia basada en el juego del Ajedrez, es decir desgastará a la competencia mercado por mercado, segmento por segmento de mercado hasta eliminarla completamente? ¿Dispone de los recursos para hacerlo?*

*2.-* *¿Aplicará su estrategia basada en el juego del GO chino, es decir usará el mínimo de recursos con la finalidad de ganar tanto segmento de mercado como sea posible? No olvide que el objetivo de la estrategia basada en el GO no es la destrucción de la fuerza de su oponente, sino la conquista de su espacio.*

*3.-* *Si utilizamos la estrategia GO y si somos más débiles que la competencia, seremos nosotros entonces los que decidiremos donde y cuando competir. Con esta estrategia evitamos enfrentar de frente al enemigo y solo lo hacemos en las partes que consideremos más débiles de este.*

## EL SUN TZU APLICADO A LA COMPETENCIA POR EL MERCADO

**4.-** *Ve cómo funciona la competencia y podremos observar que tan predecible es, si llenan de publicidad, si envían muchos promotores a un sector determinado, si emiten muchos spot publicitarios en la TV, regional, mucha publicidad radial, etc., entonces sabremos que ellos están prontos a instalarse en nuestro sector. A esto se le llama no destruirnos, sino telegrafiarnos que la competencia está en camino.*

**5.-** *Si la competencia se instala en nuestro mercado, deberemos mantenernos lo más cerca posible de ella, puede que no tengamos recursos publicitarios o recursos para pagar promotores, pero sí, podemos seguir a la competencia a donde vaya. Por ejemplo un vendedor de la competencia va a un local con su producto, entonces nosotros vamos detrás y ofrecemos el nuestro.*

**6.-** *Deberemos realizar un ataque de guerrilla en contra de nuestra competencia, tendiendo emboscadas y trampas, con esto comenzamos a desgatar a nuestra competencia ya que la forzamos a maniobrar y a responder revelando entonces sus fortalezas y debilidades.*

**7.-** *Deberemos identificar en donde se encuentra la debilidad o debilidades de nuestra competencia y cuando la encontremos entonces atacaremos por ahí, por ejemplo la debilidad puede estar en un departamento, en el producto mismo, en la gerencia, en la publicidad, en la legalidad etc., pues por allí deberemos atacar en lo* *posible, tratar de volver en su contra al propio mercado o sus consumidores.*

*8.- Haz dudar al personal de la empresa competidora de por que están compitiendo o por qué, por ejemplo a ciertos vendedores los enviaron a mercados poco exitosos para que ellos mismos soliciten su traslado a otro sector. Siembra la duda entre la competencia.*

*9.- Escoge tú el terreno y la hora en donde vas a entrar en competencia con tu oponente. Si no te place competir en un momento dado, no lo hagas, así la competencia andará dando tumbos. Eres tú quien tiene que fijar la hora y el lugar, no la competencia.*

*10.-Si sabiendo que tus líderes te ordenan salir a competir en forma directa con una empresa más grande y dueña de un mercado y sabes que enfrentarse en forma directa es suicida, entonces modifica el plan.*

Giap tiene menos de nueve meses para planificar esta ofensiva, una estrategia inspirada en Sun Tzu que resultará ser un punto crucial en la guerra.

**Sun Tzu dice:**

**"Que tus planes sean tan oscuros como la noche, luego ataca como un rayo"**

## EL SUN TZU APLICADO A LA COMPETENCIA POR EL MERCADO

Durante la guerra de Vietnam el general norvietnamita Giap prepara su ofensiva de TET en el más absoluto secreto, y al igual que el maestro Sun Tzu, Giap, deposita su fe en sus espías.

*Sun Tzu les otorga gran importancia a los espías y de hecho dedica todo un capítulo a ellos y como pueden ser utilizados:*

Una Operación militar significa un gran esfuerzo para el pueblo, y la guerra puede durar muchos años para obtener una victoria de un día. Así pues, fallar en conocer la situación de los adversarios por economizar en aprobar gastos para investigar y estudiar a la oposición es extremadamente inhumano, y no es típico de un buen jefe militar, de un consejero de gobierno, ni de un gobernante victorioso. Por lo tanto, lo que posibilita a un gobierno inteligente y a un mando militar sabio es vencer a los demás y lograr triunfos extraordinarios con esa información esencial.

La información previa no puede obtenerse de fantasmas ni espíritus, ni se puede tener por analogía, ni descubrir mediante cálculos. Debe obtenerse de personas; personas que conozcan la situación del adversario.

**Existen cinco clases de espías:** *el espía nativo, el espía interno, el doble agente, el espía liquidable, y el espía flotante.* Cuando están activos todos ellos, nadie conoce sus rutas: a esto se le llama genio organizativo, y se aplica al gobernante.

Los espías nativos se contratan entre los habitantes de una localidad. Los espías internos se contratan entre los funcionarios enemigos. Los agentes dobles se contratan entre los espías enemigos. Los espías liquidables transmiten falsos datos a los espías enemigos. Los espías flotantes vuelven para traer sus informes.

Entre los funcionarios del régimen enemigo, se hallan aquellos con los que se puede establecer contacto y a los que se puede sobornar para averiguar la situación de su país y descubrir cualquier plan que se trame contra ti, también pueden ser utilizados para crear desavenencias y desarmonía.

En consecuencia, nadie en las fuerzas armadas es tratado con tanta familiaridad como los espías, ni a nadie se le otorgan recompensas tan grandes como a ellos, ni hay asunto más secreto que el espionaje.

Si no se trata bien a los espías, pueden convertirse en renegados y trabajar para el enemigo.

No se pueden utilizar a los espías sin sagacidad y conocimiento; no puede uno servirse de espías sin humanidad y justicia, no se puede obtener la verdad de los espías sin sutileza. Ciertamente, es un asunto muy delicado. Los espías son útiles en todas partes.

**Cada asunto requiere un conocimiento previo.**

Si algún asunto de espionaje es divulgado antes de que el espía haya informado, éste y el que lo haya divulgado deben eliminarse.

Siempre que quieras atacar a un ejército, asediar una ciudad o atacar a una persona, has de conocer previamente la identidad de los generales que la defienden, de sus aliados, sus visitantes, sus centinelas y de sus criados; así pues, haz que tus espías averigüen todo sobre ellos.

Siempre que vayas a atacar y a combatir, debes conocer primero los talentos de los servidores del enemigo, y así puedes enfrentarte a ellos según sus capacidades.

Debes buscar a agentes enemigos que hayan venido a espiarte, sobornarlos e inducirlos a pasarse a tu lado, para poder utilizarlos como agentes dobles. Con la información obtenida de esta manera, puedes encontrar espías nativos y espías internos para contratarlos. Con la información obtenida de éstos, puedes fabricar información falsa sirviéndote de espías liquidables. Con la información así obtenida, puedes hacer que los espías flotantes actúen según los planes previstos.

Es esencial para un gobernante conocer las cinco clases de espionaje, y este conocimiento depende de los agentes dobles; así pues, éstos deben ser bien tratados.

Así, sólo un gobernante brillante o un general sabio que pueda utilizar a los más inteligentes para el espionaje, puede estar seguro de la victoria. El espionaje es esencial para las operaciones militares, y los ejércitos dependen de él para llevar a cabo sus acciones.

No será ventajoso para el ejército actuar sin conocer la situación del enemigo, y conocer la situación del enemigo no es posible sin el espionaje.

Sun Tzu se hubiese sentido impresionado con la red de espías del general Giap en Vietnam del Sur.

Giap entendió que el acertado conocimiento del enemigo vale diez divisiones, lo que sucedió es que literalmente él había creado una red de espionaje que no tenía rival. Es decir, cada cantinero, cada taxista, cada bailarina, cualquiera que estuviera en contacto con los estadounidenses era una fuente de información para el Vietcong.

El hombre que manejaba la línea de taxis fuera del cuartel general en Saigón, supuestamente era Jefe de inteligencia del Vietcong.

## EL SUN TZU APLICADO A LA COMPETENCIA POR EL MERCADO

El punto simplemente era escuchar lo que los estadounidenses decían, lo que los soldados les decían a las prostitutas, a las chicas, a los vendedores de drogas. La cuestión era recolectar la información que llevaba a predecir el movimiento de las unidades estadounidenses y como resultado y como demostraron los estudios posteriores, el ejército norteamericano no sorprendió a nadie ya que el Vietcong supo de sus los movimientos casi todo el tiempo.

Con la información actualizada de su enemigo, Giap avanza con sus planes para la ofensiva TET. El elemento sorpresa es clave, pero no significa nada si sus hombres no están lo suficientemente armados.

El próximo reto de Giap es encontrar la manera de introducir y esconder miles de armas en Vietnam del Sur. La solución es una estrategia de Sun Tzu. *"El engaño y el secreto"*. Giap va bajo tierra. Se encontró un enorme complejo de túneles que se extienden por kilómetros, con tres o cuatro niveles de profundidad, donde había hospitales de campaña y almacenes para provisiones. Fue allí donde el Vietcong y el ejército norvietnamita iban a descansar. Allí había licor y mujeres, y algunas de estas últimas, se transportaban por debajo de los campamentos de los norteamericanos.

El más largo de todos estos complejos de túneles se encuentra al norte de Saigón, se extiende desde la frontera con Camboya y tiene mas de 120 kilómetros de pasajes interconectados. Construidos por los vietnamitas entre los años cuarenta y cincuenta, los túneles fueron originalmente excavados en la dura arcilla con simples herramientas de agricultura. En la siguiente década, los túneles se expandieron y se fortificaron con zigzag y abruptas caídas para resistir el ataque estadounidense. El Vietcong añadió entradas secretas y sistemas de ventilación camuflajeados y puertas falsas.

Se lucha dentro de los túneles mediante el uso de ratas de túneles. Estas ratas frecuentemente eran muchachos de entre 1,60 y 1,68 metros, delgados pero tremendamente valientes para bajar a esos túneles, armados solamente con una pistola 45 y una linterna. Es decir, aquí la guerra se torna realmente cerrada, sin saber lo que se va a encontrar abajo.

Giap alentó a decenas de miles de soldados a ir por los túneles a medida que la ofensiva de TET se iba a cercando. Con solo dos meses antes de TET, Giap intenta lo que podría ser su más grande engaño. Vietnam dice que honrará el tradicional cese del fuego por TET.

Parte de la campaña de engaño es acordar un cese al fuego por TET, esto hizo que los estadounidenses y los sud vietnamitas se confiaran y que pudiesen relajar su guardia y enviar soldados a casa ya que no habría conflicto durante las festividades.

## EL SUN TZU APLICADO A LA COMPETENCIA POR EL MERCADO

Ahora, cuando falta poco más de una semana para TET, Giap lanza un ataque sorpresa en la remota base estadounidense de khe Sanh. Los infantes de marina estadounidenses combaten las hordas de soldados norvietnamitas que tratan de invadir el extenso complejo. Estados Unidos no puede estar dispuesto a perder Khe Sanh.

Lyndon B. Johnson tenía un modelo a escala del campo de batalla para poder monitorear directamente, incluso hace que el estado mayor conjunto, firme un documento que dice: "los estadounidenses no perderán Khe Sanh". Pero Khe Sanh, no es el verdadero objetivo de Giap, es una treta para desviar la atención de los estadounidenses de las ciudades antes de TET.

Sun Tzu hubiera aplaudido la maniobra de Giap.

**Sun Tzu dice:**

*"En la batalla utilice un ataque directo para llamar la atención y un ataque indirecto para ganar"* -

*"En el arte de la Guerra debes siempre intentar engañar a tu enemigo"*

*"Escoge un lugar donde quieras atacar y luego ataca en otro lugar para distraer su atención".*

*"Mientras está distraído captura tu verdadero objetivo".*

Giap ha hecho todo lo posible para prepararse para la ofensiva de TET, utiliza espías, secreto y engaño.

El momento de atacar está cerca. El 31 de enero de 1968 los fuegos artificiales estallan. Es el año nuevo lunar de TET. De pronto la celebración se torna mortal, más de ochenta mil soldados del Vietcong, llevan ataques simultáneos individuales en más de cien ciudades, aldeas y bases estadounidenses en todo Vietnam del Sur. La ofensiva de TET ha comenzado.

Los estadounidenses y los sud vietnamitas, están conmocionados, sorprendidos. Habían pensado que el enemigo estaba casi vencido, sin embargo llegaban reportes de casi todas las ciudades, de casi todos los pueblos y de todas las bases, indicando que estaban bajo ataque.

Los comandantes estadounidenses, ven el mapa de Vietnam del Sur iluminado como un árbol de pascua, no podían comprender que los norvietnamitas hubiesen movilizado a tantos soldados y tan cerca de las ciudades y lo habían hecho pacientemente, les había tomado meses posicionar las armas y los soldados allí y más encima ocultarlos. Fue una impresionante operación logística.

Los informantes de Giap llevan a los solados norvietnamitas y del Vietcong a través de las calles a objetivos estratégicos. Uno grupo captura la Estación

## EL SUN TZU APLICADO A LA COMPETENCIA POR EL MERCADO

Nacional de Radio, mientras que otro abre un agujero en la pared de la embajada de los Estados Unidos y se abre camino por las instalaciones. Pareciera que la ofensiva de TET pudiese tener éxito, pero el norte ha ignorado un principio de Sun Tzu que es muy importante y esto tendrá consecuencias.

**Sun Tzu dice:**

*"Hay cinco factores fundamentales para tener éxito en una guerra:*

1. *El Clima*
2. *El Terreno*
3. *El Liderazgo*
4. *La Doctrina Militar*
5. *La Influencia Moral ( lo más importante)*

Influencia moral significa que un líder debe tener la voluntad de su pueblo de su lado, de otro modo al final, la guerra será un fracaso. Esta es una clave importante de cómo hace 2000 años Sun Tzu predijo la derrota estadounidense en Vietnam. Con la ofensiva de TET en todo su apogeo en 1968, el Vietcong lleva consigo las listas negras y asesina a placer a simpatizantes de Vietnam del Sur, una de las más brutales masacres tiene lugar en la ciudad de We. Allí el Vietcong masacró a cerca de cinco mil personas, muchos de ellos funcionarios gubernamentales cuyo único crimen era trabajar para una agencia del gobierno, también exterminaron a cientos de monjas cuyo único crimen era ser católicas.

Con la brutalidad demostrada por el Vietcong, les salió el tiro por la culata, ya que mucho vietnamitas dijeron: "un momento, eso no es lo que nosotros hacemos, no queremos vivir gobernados por esta gente".

Como se puede apreciar, la masacre fue terrible y sin sentido.

Sin el apoyo de la gente, las pequeñas unidades de Giap quedan sin refuerzos, no tienen idea de que hacer y de cómo comunicarse entre sí, luego las fuerzas estadounidenses entran y devastan a los fragmentados soldados norvietnamitas. Diez mil efectivos mueren en los primeros días del ataque, mientras tanto, las fuerzas estadounidenses sufren cerca de 250 bajas. TET resulta un desastre militar parta los norvietnamitas. Pero el concepto de influencia de Sun Tzu, afecta a ambos lados.

Cuando los estadounidenses ven por televisión los efectos de la ofensiva de TET, el apoyo popular a la guerra se desvanece rápidamente.

Esta ofensiva tuvo el efecto de poner de cabeza los sentimientos de la gente en Estados Unidos en contra de la guerra. Ellos habían pensado que estaban ganando la guerra, pero se dieron cuenta de que se estaba perdiendo

## EL SUN TZU APLICADO A LA COMPETENCIA POR EL MERCADO

y a partir de ese momento todo cambió para el pueblo estadounidense.

Pese a perder la batalla, Giap está en camino de ganar la guerra, derrotando a Estados Unidos en donde le importaba más. En su casa.

Después de TET, Giap regresa a sus tácticas de guerrillas y en 1975 sin el apoyo militar estadounidense, Saigón cae finalmente en manos del ejército norvietnamita.

Al final de la guerra el coronel norteamericano Harry Sommers se reúne con los líderes norvietnamitas para negociar la retirada estadounidense.

Harry Sommers en una reunión sostenida con su contraparte, le dijo al coronel norvietnamita:- "la verdad es que ustedes nunca nos vencieron en el campo de batalla- el coronel norvietnamita lo miró y le dijo: -Bueno, es cierto, pero también es irrelevante-.

El contexto político era lo más importante, más que el militar, como siempre ha sucedido en la historia. Nunca se debe olvidar que la guerra es un medio para conseguir un fin y el fin siempre será determinado por la política, no por victorias o derrotas militares.

Esta es otra noción que el general Giap comprendió bien al igual que el maestro Sun Tzu.

En estas experiencias aplicadas a la empresa podríamos establecer lo siguiente:

**1.**- *Se debe tratar bien al personal de la competencia para que nos sirvan de aliados.*

**2.**- *Si vamos a iniciar una competencia comercial, esta debe ser bien planeada y bien calculada. No a la ligera, y sopesar la respuesta posible de la competencia, los riesgos y prever los resultados de nuestra actuación.*

**3.**-*Arremeter donde la competencia menos lo espera.*

**4.**- *Cualquier medida exitosa que retrase la respuesta del adversario permitirá ganar una participación en el mercado por parte nuestra.*

**5.**- *Hay que ser paciente en el ataque de la competencia.*

**6.**- *Deberemos ampliar al máximo el poder de la información del mercado. En otras palabras tener información de primera mano y una profunda comprensión del competidor.*

**7.**-*Para vencer a la competencia, es necesario conocerla, conocer también nuestra propia empresa y obviamente conocer el mercado.*

**8.**- *La velocidad es fundamental. La naturaleza de la competencia es el cambio, actuar con lentitud equivale a*

## EL SUN TZU APLICADO A LA COMPETENCIA POR EL MERCADO

*extinguirse. Debemos ser capaces de aprovechar las oportunidades que se nos dan.*

**9.-** *Podemos vencer a la competencia logrando que esta se ajuste a nuestra estrategia, a nuestras reglas y a nuestra voluntad.*

**10.-** *Ejercer un liderazgo eficaz en épocas turbulentas.*

Continuando con nuestra primera historia, estamos alrededor del año 500 a.c. en China. La campaña de ataque y fuga del maestro Sun Tzu en contra de los ejércitos del primer ministro está funcionando.

El adversario de Sun Tzu, el primer ministro del poderoso reino que lo asediaba, se siente cada vez más frustrado y va perdiendo algunos aliados políticos. Los ataques fronterizos y el acoso que realiza Sun Tzu, están socavando la moral de los soldados del primer ministro. También el dinero se está agotando en las arcas del primer ministro. En algunos casos sus mejores guerreros son asesinados o capturados por Sun Tzu. Enfrentado a este dilema, el primer ministro se ve forzado a recurrir a sus aliados en busca de soldados, dinero y materiales.

En todas las provincias, existe el temor de no saber en donde atacará Sun Tzu a continuación. Los líderes de la corte real del reino enemigo, comienzan a perder la fe en el primer ministro y los aliados comienzan a pasarse al bando de Sun Tzu, pero esta deslealtad, no viene sin castigo. El primer ministro despliega a uno de sus ejércitos para destruir a uno de estos traicioneros aliados suyos que se ha pasado al bando de Sun Tzu., de manera tal, que cuando la capital de este reino está a punto de ser atacada, su rey recurre a Sun Tzu por ayuda.

Sun Tzu se enfrenta ahora a una situación completamente desfavorable. Si no hace nada, su aliado será destruido. Si intenta salvarlo, el primer ministro aplastará a su ejército, pero para Sun Tzu la solución es simple. Lidera una pequeña fuerza hacia el reino que pide su ayuda., ejército que actúa como carnada para alejar al ejército del primer ministro de la ciudad. Es un principio clave de las enseñanzas de Sun Tzu.

*"Haz que tu enemigo se mueva, tiéntalo con algo que sepa que va a ir a buscar"*

La idea es de algún modo, alcanzar el control o dominación de los movimientos del enemigo mediante tus propias maniobras.

El primer ministro detiene inmediatamente el asedio de la capital del reino aliado de Sun Tzu y moviliza su ejército para interceptar a Sun Tzu. Sun Tzu salva a su aliado sin empuñar una espada pero ¿Podrá salvarse así mismo?

El hecho es que Sun Tzu ha logrado alejar al primer ministro de su asedio al reino aliado. Parece que la maniobra lo ha hecho caer en una trampa, y de pronto, se ve rodeado por las fuerzas del primer ministro. Sun Tzu ha llevado a sus hombres donde no hay posibilidad de retirada, los ha conducido al matadero.

**Sun Tzu dice:**

*"Lleva a un ejército donde enfrente la muerte, donde no haya escape y no escapará o sentirá temor, pues no hay nada que no pueda lograr*

Sun Tzu estudió todos los aspectos de la guerra, incluyendo la sicología de los hombres que se enfrentan a una muerte inminente.

Sun Tzu dice que cuando los hombres están en una situación mortal se transforman. De la noche a la mañana se comportan y se convierten en guerreros temerarios y luchan con todo lo que tienen para sobrevivir.

En esta situación mortal, es precisamente donde Sun Tzu quiere a sus soldados y es en una situación mortal, en que un gran ejército se encuentra, con el destino del mundo pendiendo de un hilo.

Seis de junio de 1944 en la Segunda Guerra Mundial, las tropas aliadas invaden Europa, desembarcan en las peligrosas playas de Normandía en Francia. Si desembarcan tropas en una playa sin tener como retirarse, van a tener que pelear para sobrevivir y esto se puede ver en el desembarco a Normandía. ¿Cómo sobrevivieron y finalmente derrotaron a los alemanes?

Está predicho en las páginas de "El Arte de la Guerra de Sun Tzu"

**Sun Tzu dice:**

**"Toda guerra es engaño. Si puedes engañar a tu enemigo antes de la batalla es más probable que ganes"**

Imaginemos que yo tengo 10.000 soldados y usted tiene más de 1 millón ¿Qué puedo hacer yo para superarlo? Tengo que engañarlo entonces, para que usted divida sus fuerzas en grupos más diversos.

El comandante en jefe de los aliados se toma este principio a pecho y se prepara para invadir Europa durante la Segunda Guerra Mundial. Su estrategia de invasión a Normandía es una de la más atrevida en la historia y es presagiada en las páginas del Arte de la Guerra de Sun Tzu. Para 1944 Alemania sabe que los aliados se están preparando para atacar Europa, pero no sabe donde ni cuando.

Está claro que en algún momento, y para ganar la Segunda Guerra Mundial, los aliados tendrían que invadir el continente europeo e Inglaterra sería el único lugar en donde podrían concentrarse. Esto significa que

## EL SUN TZU APLICADO A LA COMPETENCIA POR EL MERCADO

los aliados tendrían que desembarcar en algún lugar de la costa francesa. La única pregunta es ¿Dónde? Las únicas tres locaciones posibles en donde los aliados podían desembarcar, eran el paso de Calais, la península de Cherburgo o las playas de Normandía.

La razón de que esto era cierto, es que los aliados solo podrían desembarcar en una isla que estuviera protegida desde el aire por los cazas que volaran desde el sur de Inglaterra. El alcance de estos cazas era de 640 kilómetros, en consecuencia cualquier lugar de desembarco, tendría que estar a 320 kilómetros. Pero incluso con soporte aéreo, los aliados saben que una invasión a Europa por una playa es casi imposible. Para tener éxito, deben emplear una estrategia de **GO** más que una estrategia de ajedrez. Así que, en vez de un ataque directo y frontal, los aliados siguen el principio del engaño de Sun Tzu y convencen a los alemanes de que el ataque no ocurrirá en Normandía. De un modo en que Normandía es comparable a un **GO**, es el hecho de que está involucrado el engaño. Cuando se juega al **GO**, se dan señales mediante nuestros movimientos, que parte del territorio intentaremos conquistar.

Lo que los aliados pudieron hacer con el acertado uso del engaño y con la clara lógica militar, es convencer a los alemanes que cuando desembarcaran lo harían por el paso de Calais, cuando en realidad planificaban llegar por Normandía.

Se le llamó Operación Fortaleza y es una de las campañas de engaño más complejas jamás intentadas. Los aliados crearon un falso ejército que parecía listo para atacar en Calais, usaron tanques, aviones y camiones inflables para engañar a una fotografía de reconocimiento de los aviones alemanes.

Movían los tanques durante la noche y tenían hombres en patines que marcaban las huellas, para que de verdad hubiera huellas en la tierra y pareciera que había un verdadero movimiento de tropas durante la noche.

El ejército fantasma necesita ser visto y escuchado, así que el personal del ejército transmite incontables horas de transmisiones falsas acerca de tropas y suministros de abastecimientos.

Por una parte se puede pensar que es un trabajo extraño, porque simplemente están enviando transmisiones falsas, pero por otro parte es un trabajo muy importante porque si se relajaban o no lo hacían bien, estropearían todo el propósito del plan de engaño

El comandante en jefe de los aliados le muestra a los alemanes su ejército falso, pero mantiene su verdadera fuerza en absoluto secreto. Por semanas la campaña de engaño resulta exitosa, pero un mes antes del día "D", el día de inicio de su invasión a Normandia, los aliados temen que su secreto ha sido descubierto. Oficiales de contrainteligencia británica descubren cinco nombres claves cruciales de la operación de Normandía en un crucigrama de un periódico. Los agentes británicos rastrean al creador del crucigrama, un maestro de 54 años. Ellos lo interrogan y él se indigna mucho y les dice que si acaso ¿no le estaba permitido escoger las palabras que quería para un rompecabezas? Los oficiales lo presionan pero al final del día, se dan cuenta que el hombre estaba diciendo la verdad y que las palabras habían sido un accidente.

Con el miedo detrás de ellos, los aliados ahora debían convencer a los alemanes de la amenaza de invasión a Calais. Recurrieron a uno de los métodos favoritos de Sun Tzu: **"Los espías"**.

**Sun Tzu dice:**

*"Es esencial buscar a los agentes del enemigo que se han convertidos en espías en tu contra y sobornarlos para que te sirvan"*

En El Arte de la Guerra, los agentes dobles son los espías más importantes. Todos los agentes dobles comienzan con espías que tu adversario ha enviado a espiarte a ti, cuando los descubres, no los encarcelas ni los ejecutas, sino que los contratas, les das lujosas recompensas y lo que comenzarán a hacer, es seguir actuando como si te estuvieran espiando, pero la información que hacen llegar a tu adversario, es falsa.

Durante la Segunda Guerra Mundial nadie usa mejor los agentes dobles que los británicos. Su programa es llamado "traición" y uno de sus agentes claves es un contratista naval llamado Alfred Owen.

Cuando estalló la guerra, pensaron en él de inmediato y le ofrecieron un trato de que se convirtiera en un doble agente para los británicos o iría a prisión. En todo caso muchos de ellos eran ejecutados.

Su nombre clave era Snow y cuando los alemanes intentaron infiltrar su primera oleada de espías en septiembre de 1940, los alemanes ubicaron a Snow y le hicieron saber, que estos cuatro agentes llegarían a Inglaterra y por supuesto se encontraron con un comité británico de recepción.

La operación traición fue tan exitosa que la inteligencia británica pudo apresar o entregar casi a cualquier espía enviado por los alemanes durante la guerra. Estos agentes dobles daban una información falsa tan convincente, que los alemanes creyeron que la invasión venía por Calais, pero la verdadera acción tuvo lugar en Normandía.

**Sun Tzu dice:**

*"La manera como un general sabio puede alcanzar la grandeza más allá del hombre común es a través del conocimiento previo"*

# EL SUN TZU APLICADO A LA COMPETENCIA POR EL MERCADO

Sun Tzu enseña la importancia del engaño y del conocimiento previo para descubrir las intenciones del enemigo. Los aliados obtienen este conocimiento previo descifrando los códigos de los alemanes. Por años los alemanes creyeron que su máquina encriptadora llamada **"Enigma"**, es completamente indescifrable, puede codificar un mensaje millones de millones de millones de veces, pero con la ayuda de un matemático polaco, la inteligencia británica hace lo imposible, pueden decodificar un mensaje alemán en horas. A su sistema de codificación lo llaman **"Ultra"**.

A través de "Ultra" los aliados saben lo que los alemanes están pensando, cuáles son sus percepciones del campo de batalla y cuál es su visión de lo que está sucediendo. De este modo pueden alimentar la información de los espías alemanes y que refuerzan estos falsos conceptos.

Sun Tzu hubiera alabado a "Ultra" por su habilidad de leer la mente del enemigo.

El Arte de la Guerra trata esencialmente de usar la mente para luchar en una guerra, esto quiere decir que las batallas son mentales, así que para ganar al enemigo, debes saber leer su mente. Pero a veces saber lo que el enemigo está pensando, crea un dilema moral.

Según un oficial de la inteligencia británica el cuatro de noviembre de 1940, los británicos decodifican un mensaje alemán sobre un inminente ataque sobre la ciudad inglesa de Coventry. Si Churchill intenta proteger Coventry, eso podría alentar a los alemanes de que sus mensajes están siendo descifrados.

Esta debió haber sido una decisión y una posición muy difícil para Churchill de tomar en este caso en particular, porque estaban buscando la victoria a largo plazo, así que esencialmente sacrificó a los ciudadanos de Coventry que se perdieron esa noche.

Coventry es devastada desde el aire, la destrucción es tan completa que los alemanes acuñan un nuevo verbo coventry, que significa la destrucción total de un pueblo.

La historia es polémica, porque no hay evidencia fehaciente, de que Churchill haya estado advertido del ataque a Coventry.

A medida que se acerca el día "D" los aliados descubren a través de "Ultra" y su red de espionaje que los alemanes todavía creen que la invasión será a través de Calais. Aún así, atacar Normandía será difícil, porque los alemanes establecieron defensas en toda la costa.

Sun Tzu habría alabado la preparación de los aliados para el desembarco y su maestría en el engaño, pero hubiera condenado seriamente lo que hicieron una vez que llegaron.

**Sun Tzu dice:**

## EL SUN TZU APLICADO A LA COMPETENCIA POR EL MERCADO

*"Cuando el zarpazo de un halcón destroza el cuerpo de su presa es porque es el momento adecuado, cuando el agua torrencial arrastra las rocas es por el impulso"*

Sun Tzu cree que el ataque mejor ejecutado puede ser arruinado si se pierde el impulso. La invasión a Normandía demuestra que Sun Tzu pudo haber predicho su resultado hace 2000 años.

Después de meses de preparación y engaño, el comandante en jefe de los aliados lanza su ataque a la Francia ocupada por los alemanes. Ciento cincuenta mil soldados terrestres apiñados en cientos de pequeñas lanchas de desembarco, zarpan desde Inglaterra y cruzan el canal de la Mancha, desembarcarán en cinco playas diferentes en Francia. Cuando las lanchas de desembarco se aproximan a las playas, 15000 aeronaves y 7000 barcos proporcionan un asalto aéreo coordinado sobre las playas. En algunos de los sitios de desembarco, los soldados aliados encuentran muy poca resistencia, pero playas como Omaha son el infierno en la tierra. Para muchos de los soldados aliados en las lanchas de desembarco, estos momentos antes de que las puertas se abran, serán los últimos de sus vidas, es un caso de valor increíble frente al más abrumador terror.

Cuando las barcas de desembarco se llegan a la playa, a medida que se aproximan, los soldados dentro de las embarcaciones podían oír los sonidos de las ametralladoras resonando en el exterior.

Las ametralladoras alemanas se habían cambiado a lo que llamaron línea de coordinación local. Acordaron apuntar suficientes ametralladoras sobre las embarcaciones, para que durante el desembarco pudieran abarcar con dos o tres efectivos a la vez.

Muchos hombres murieron de este modo, muchos ni siquiera lograron salir de las lanchas. Para los soldados que tuvieron la suerte de sobrevivir al ataque inicial de ametralladoras, la pesadilla apenas estaba comenzando. Tienen que atravesar 180 metros de terrenos minados, bajo el peso del equipo mojado, luego atravesar otros 80 metros de playas cercadas con alambres de púas. Es la extensión de 3 campos de fútbol de muerte y destrucción, mientras las ametralladoras masacraban a soldados aliados.

Los aliados sobreviven en este mortal terreno exactamente de la manera como Sun Tzu predice, "luchando juntos y nunca dándose por vencidos"

Al ver el campo de batalla, este era un horror absoluto y uno se pregunta ¿por qué siguen llegando? Y ¿porque la gente hace esto? En este caso Sun Tzu es bastante educativo en este aspecto "hay que hacerlo porque la única alternativa es la muerte"

No se podía hacer nada más ¿darse la vuelta con todo el equipo y regresar a Inglaterra? No había planes de evacuación, a menos de que se esté herido. No hay modo de negarse a desembarcar, así que en cierto sentido, cuando se sitúa a un grupo de efectivos en la playa se está siguiendo las enseñanzas de Sun Tzu, ya que se está poniendo a un ejército en una situación en la que se debe luchar o morir y los aliados dieron la batalla luchando y sobreviviendo.

Los aliados también se benefician de otro principio de Sun Tzu, el pobre juicio del líder del enemigo.

**Sun Tzu dice:**

**"Es esencial para la victoria que los generales sean abandonados por sus líderes"**

La estructura de mando de los aliados le da total autoridad al comandante en jefe, como comandante supremo de todas las fuerzas del frente occidental, subordinados a él, están cuatro comandantes, uno para la armada, otro para la aviación, otro para el ejército estadounidense y un último para el ejército británico.

En el mundo de los negocios, este sería un organigrama bien planificado y con responsabilidades bien definidas.

La gran ventaja que tenía el comandante supremo de las fuerzas aliadas, es que podía trabajar con toda clase de gente y había una gran cantidad de prima donas por todas partes, pero él podía trabajar con estas personas y hacerlo por el bien común.

Uno esperaría que un dictador como Hitler tuviese una cadena de mando más eficiente que los aliados, pero sucede lo contrario. Hitler establece un sistema confuso de superposiciones de autoridad.

Quería asegurarse de que ninguna persona por debajo de él tuviera toda la información y/o todo el control sobre las fuerzas a su disposición y que al dividirlos, él se asegurara de que siempre fuera quien tomara la decisión final sobre la disposición y localización de las tropas.

El general Von Rundstedt ostenta el título de comandante en jefe de las fuerzas occidentales, pero la armada y la aviación tienen cadenas de mando separadas, que no están bajo su control y no cooperan entre sí. La Waffen SS, un brazo militar separado que lucha en paralelo con el ejército alemán, responde a Himmler y Rundstedt solo tiene control indirecto sobre las divisiones mecanizadas, cuatro unidades de tanques están bajo su mando y las seis restantes están divididas entre los grupos "B" y "G" del ejército. Esto es una locura.

El estilo de liderazgo de Hitler y la caótica estructura de mando del ejército alemán, convierte a Hitler en un adversario muy cooperativo para una campaña como la que se está llevando a cabo. El interfiere constantemente en las decisiones de sus subordinados, los generales que debían estar actuando objetiva y profesionalmente intentando defender a Francia, en contra de la invasión aliada.

Uno de los grandes errores de Hitler es la manera como despliega sus laureadas divisiones de tanques Panzer. Algunos generales creen que los Panzer deben estar cerca de las playas, para hacer retroceder a las tropas invasoras frente al mar, otros piensan que los tanques deben quedar en reserva, para que puedan desplegarse como una sola fuerza donde los aliados escogieran desembarcar.

Ya que ninguno de los generales tienen la autoridad para dar la orden, la decisión corresponde a Hitler y siendo Hitler como era, tomó todas las decisiones erradas, desplegó una división Panzer en Holanda, otra en la bahía de Vizcaya y las dos fuera del rango de cualquier posible desembarco y el resto de las divisiones Panzer a cierta distancia de las playas.

El fallo de Hitler es un ejemplo perfecto de porqué Sun Tzu dice que un general inteligente debe conducir la guerra sin interferencia del líder.

Cuando se mira la estrategia alemana en Francia o Normandía, nos damos cuenta de que está muy dividida, en cuanto a cómo debe organizarse la defensa, ¿Qué fuerzas están disponibles para defender las playas? Y ¿Qué fuerzas están disponibles para defender las playas o reforzar las fuerzas alemanas en el lugar de la invasión, porque ninguna persona tiene control de todas las fuerzas, como la tiene el comandante supremo aliado.

Los aliados alcanzan lo imposible, a través de la valentía y la determinación, las tropas pueden tomar los cinco puntos de invasión en Normandía.

Pese a la compleja planificación que significó la invasión, fueron las pequeñas unidades tácticas y los compañeros luchando hombro a hombro lo que provocó el triunfo en las playas y eso es consistente.

Sun Tzu se habría maravillado con el carácter oportuno de la ejecución de la invasión, pero pronto los aliados encuentran un nuevo e inesperado enemigo, un laberinto de setos gigantes e impenetrables, conocidos como el Bocach en la campiña francesa.

**En estas experiencias aplicadas a la empresa podríamos establecer lo siguiente:**

**1.-** Evite la fortaleza y ataque la debilidad. Debemos atacar los puntos débiles de nuestros competidores, haciendo un uso eficiente de nuestros recursos, atacar la debilidad es aprovechar al máximo nuestros recursos limitados.

**2.-**No atacar la fortaleza, pues desperdiciamos nuestros recursos. Al atacar la debilidad lograremos un mayor

## EL SUN TZU APLICADO A LA COMPETENCIA POR EL MERCADO

rendimiento por el menor gasto de recursos en un lapso lo mas corto posible.

**3.-** No necesariamente debemos entrar en una lucha abierta con la competencia, podemos hacerlos también desde el punto de vista sicológico, concentrado y dirigido a la mente del competidor.

**4.-**No se debe entrar en competencia cuando se desconoce el mercado.

**5.-**No debemos entrar en competencia cuando desconocemos la fortaleza del oponente.

**6.-** Antes de entrar en una lucha competitiva deberemos conocer con quien nos vamos a enfrentar, conocer los nombres de los ejecutivos, donde estudiaron, que experiencia tienen, donde obtienen la información. Que grado de riesgos están dispuestos a correr.

**7.-**Se debe conocer el interior de la empresa de la competencia, si hay desacuerdos, si las relaciones humanas funcionan, el grado de endeudamiento que tienen, etc.

**8.-**Aprovechar las oportunidades que hemos creado.

**9.-** Se debe combinar la velocidad con el engaño. La velocidad toma desprevenida a la competencia el engaño la desorienta.

10.- Se debe atacar la mente de la competencia, se debe atacar los procesos de pensamiento y voluntad del equipo ejecutivo de la competencia.

11.- Se debe ejercer un liderazgo eficaz en épocas turbulentas.

Parecía que habían logrado un milagro y de hecho así había sido. Habían desembarcado un ejército en las playas de Normandía, entonces se adentraron en los setos vivos de la campiña. Era algo que no se esperaban, pese a que una aeronave de reconocimiento había tomado fotografías de los setos, los planificadores aliados simplemente asumieron de que eran setos en una jardín suburbano de 1,20 metros a 1,50 metros a lo sumo.

Pero estos antiguos setos con casi 2000 años de antigüedad tienen de seis a nueve metros de altura y son extremadamente densos, no puede ser trepado, los tanques no pueden maniobrar a través de ellos con comodidad y los explosivos delatarían la posición de las unidades.

La campiña de los setos en Normandía amenaza con socavar el impulso que los aliados necesitan para desarrollarse. El ejército aliado es un ejército mecanizado y no se pueden mover tanques ni camiones muy rápido, sobre todo a través de setos que son tan tremendamente densos.

## EL SUN TZU APLICADO A LA COMPETENCIA POR EL MERCADO

El impulso de los aliados se detiene de golpe, han pasado cuarenta días y ellos solo alcanzan los objetivos del día cinco, las bajas se elevan a más de 78.000 mil hombres, toda la invasión está en peligro, pero la solución para escapar a este enorme laberinto se encuentra en las páginas de "El Arte de la Guerra" de Sun Tzu

**Sun Tzu dice:**

*"Haz que tu enemigo se prepare en su flanco derecho y se debilitará en su flanco izquierdo"*

El terreno en donde estaban detenidos los aliados era perfectamente apto para emboscadas y los francotiradores de los alemanes. Los alemanes tienen una palabra para los combates terrestre de orden cerrado, en terrenos muy complejos y cerrados. La palabra es ratenkrieg, literalmente significa la guerra de las ratas. Significa que la guerra se reduce al combate individual, uno o dos hombres contra uno o dos hombres, debido a que el terreno en este caso, los setos, no permiten maniobrar y no permiten el uso de los avances tecnológicos, como artillería, poderío aéreo y movilidad de tanques. La guerra en los setos fue una guerra terrible, fue cerrada y personal, pero quizás lo más mortal en los setos son los Panzer alemanes merodeando en el laberinto.

Los británicos en realidad tenían un panfleto acerca de cómo cazar tanques. Ellos enviaban equipos de individuos especializados con Bazookas o Piat, sigla que significaba lanzador antitanque de infantería. Como los llamaban los ejércitos británicos, estos equipos dan caza a los tanques y los sacan de circulación y el manual hace que esto parezca un gran juego de caza.

Eventualmente los aliados diseñan una estrategia inspirada en Sun Tzu que los ayudará a liberarse de la carnicería de la campiña del Bocage. Este plan es atraer a la ciudad de Caen a la mayor parte de las fuerzas de lucha alemanas que están en el Bocage, de modo que quede atrás una fuerza debilitada.

Caen tenía campos aéreos, estaba cerca de París, así que los alemanes estaban seguros de que los aliados atacarían por Caen.

El plan de los aliados comienza con una devastadora descarga aérea contra la ciudad de Caen. Los alemanes muerden la carnada y alejan del Bocage muchas de sus divisiones Panzer, dejando solo una división y media para contener a las fuerzas aliadas en los setos. Los aliados inmediatamente aprovechan el cambio y responden con un fulminante ataque aéreo sobre las divisiones de tanques Panzer que quedan, en la llamada Operación Cobra.

Sun Tzu dice que uno se debe comportar como una serpiente, porque para cuando te ataquen por el frente,

## EL SUN TZU APLICADO A LA COMPETENCIA POR EL MERCADO

la retaguardia reforzará el frente y si atacas por la retaguardia el frente reforzará ese punto y si te atacan en el medio, entonces ambos lados pueden responder.

Para Sun Tzu cuando el enemigo te ataca, en tus respuestas debes ser flexible.

Con casi todos los tanques alemanes destruidos, las fuerzas aliadas pueden abrir una brecha en las fuerzas alemanas con artillería, tanques e infantería. Finalmente y después de largas semanas de frustración los aliados salen del Bocage. La desviación estratégica en Caen y el éxito de Cobra en el Bocage, cambian la ecuación estratégica.

El retrasado impulso de los aliados, regresa como una venganza.

A lo largo de la invasión a Normandía, las invisibles manos de Sun Tzu guían a los aliados a la victoria a través de:

- El uso de el engaño
- El Conocimiento previo
- Una estructura de mando superior que motiva al ejército a luchar como uno solo.

**En estas experiencias aplicadas a la empresa podríamos establecer lo siguiente:**

**1.-** *Aprenda a combatir. Si es necesario engañar a la competencia hay que hacerlo, la competencia en la actualidad es mayor y más agresiva y no se puede evitar. Permanecerá en el mercado aquella empresa que esté debidamente preparada en todos sus niveles jerárquicos.*

**2.-** *Es necesario contar y disponer de información confiable y suficiente. Conocimiento previo de su empresa, de su entorno, de la competencia y del mercado.*

**3.-***La empresa debe actuar como un todo completo, que todo el personal se encuentre unidos para conseguir los objetivos y guiados por sus líderes que son los que finalmente marcan el camino con el ejemplo para la obtención de los propósitos.*

**Sun Tzu dice:**

*El ejército ganador, establece primero las condiciones para la victoria, luego lucha. El ejército perdedor lucha primero luego busca la victoria"*

La batalla entre el ejército comandado por Sun Tzu en contra de los ejércitos del primer ministro está en todo su apogeo. La pequeña fuerza de Sun Tzu que lucha contra el poderoso ejército del primer ministro, se encuentra en terreno mortal, está rodeada por los ejércitos enemigos,

## EL SUN TZU APLICADO A LA COMPETENCIA POR EL MERCADO

pero Sun Tzu no está preocupado. Mientras los ejércitos del primer ministro atacan, la principal fuerza de Sun Tzu se dirige a atacar la capital del reino enemigo.

Cuando el primer ministro se da cuenta de que la principal fuerza de Sun Tzu está abocada al ataque de la capital de su reino, tiene una difícil decisión que tomar. Obviamente quiere matar a Sun Tzu, quiere aniquilar esta fuerza al mando de Sun Tzu, pero a pesar de que no cree que la principal fuerza de Sun Tzu sea una gran amenaza a su capital, teme que el defensor del reino, otro general, obtenga crédito por defender la capital contra las fuerzas del maestro. Como resultado, se apresura a defender la capital del reino. Será el error más garrafal del primer ministro en la guerra. Al igual que el primer ministro, muchos generales en la historia se han adentrado en una batalla sin tener toda la información que necesitan.

Miles de años más tarde en las tierras de sembradío de Pensilvania, otro general se apresurará a entrar en batalla sin saber lo que le espera. Es el general confederado Robert E. Lee a quienes algunos consideran como el más grande comandante en la historia estadounidense. Pero en Gettysburg, Lee no logra prestar atención a la sabiduría de Sun Tzu y paga un precio terrible.

**Sun Tzu dice:**

## EUGENIO MAGGIO GONZALEZ

*"Ninguna nación se ha beneficiado nunca de una guerra prolongada"*

La guerra Civil Estadounidense es un escenario de pesadilla para Sun Tzu, un punto muerto y sangriento que acabará por mucho costando más de seiscientos veinte mil vidas. La guerra más letal en la historia estadounidense.

Para 1863, estaba claro para ambos bandos que no sería la guerra corta que todos pensaban que sería. Cuando la batalla de Manassas, las damas y caballeros salieron de Washington en sus carruajes listo para hacer un picnic y observar lo que pensaron que sería la primera y última batalla de la guerra. Ahora sabían que sería una guerra muy larga.

La guerra afecta a todos los estadounidenses de manera inesperada. La Guerra Civil es testigo de la creación del primer hospital siquiátrico estadounidense en Saint Elizabeth, en Washington D.C. Todavía hoy se encuentra en funcionamiento.

La guerra entre el norte y el sur, también afectó la manera de cómo los estadounidenses recibían su correo. A un encargado de correos de Cleveland le angustiaba tanto la visión de las ansiosas esposas e hijos haciendo filas frente a la oficina postal, que sustituyó la entrega

## EL SUN TZU APLICADO A LA COMPETENCIA POR EL MERCADO

domiciliaria por primera vez, sin embargo, la mayoría de las noticias recibidas en casa eran de muertes.

Los buitres se dieron cuenta que cuando veían a un ejército, tarde o temprano habría carne para comer y a medida que los ejércitos avanzaban, ellos también se iban moviendo. Cientos de buitres sobrevolando los campos de batalla, esperando la carnicería, las heridas abiertas, para picotear los ojos y comerse las entrañas, como harían con cualquier otra carroña. Eran escenas horrendas, pero eso es, lo que es la guerra, es horrenda.

Los hospitales de campaña de la Guerra Civil son carnicerías humanas con brazos y piernas colocados en montones. Cuarenta mil amputaciones son ejecutadas solo del lado de la Unión, apenas veinticuatro mil de ellas con anestesia. Los médicos ejecutan docenas de cirugías sin siquiera lavarse las manos.

Era siete veces más seguro luchar en la batalla de Gettysburg que enviar a un ejército al hospital. La tasa de mortalidad era de entre 30 y 40%. Amputar miembros era solo parte del problema, ya que había que enfrentar también el problema de la gangrena, supuraciones, infecciones, de manera que la tasa de mortalidad se incrementaba de manera asombrosa.

La Guerra Civil estadounidense es un clásico ejemplo de porqué Sun Tzu advierte en contra de ir a la guerra en primer lugar, pero otros principios del arte de la guerra, demostrarían ser instrumentales en la manera de cómo terminó la guerra.

**Sun Tzu dice:**

*"Aquellos diestros en el arte de la guerra atraen al enemigo al campo de batalla, no son atraídos por él".*

Pensilvania 1863. La Guerra Civil es un punto muerto y sangriento, para finales de junio de ese año, el general confederado Robert E. Lee, en un atrevido movimiento, moviliza su ejército de casi 60.000 hombres en el territorio de La Unión, Pese a que muchas de las batallas de la Guerra Civil estadounidense se han librado en el sur, Lee decide que el momento es apropiado para invadir el suelo de la Unión. El plan de Lee es destruir tantos destacamentos militares como sea posible en Maryland y Pensilvania, mientras que los ejércitos de La Unión defienden Washington D.C. Uno de los objetivos es campo Curtain en las afueras de Harrisburg, el mayor almacén de abastecimiento en el Norte.

La estrategia del ataque de Lee en el norte no es primordialmente militar, como lo es política, pues lo que intentará realizar será esencialmente derrotar a Lincoln en el terreno político. Lo que espera es que una derrota masiva del norte, anime a la gente a perder la fe en la guerra.

## EL SUN TZU APLICADO A LA COMPETENCIA POR EL MERCADO

La atrevida acción de Lee para alcanzar una victoria política responde más a una estrategia de **GO** que a una estrategia de ajedrez, exactamente el tipo de plan que Sun Tzu hubiera admirado, pero a medida que la fuerza principal de Lee se desplaza hacia el norte, una escaramuza surge en Gettysburg entre dos unidades de caballería.

El general confederado Heth tenía una división en Cashtown y quería movilizarse hasta Gettysburg para conseguir zapatos en una fábrica de allí. Esa fue la única razón por la que fue y de esta manera se desplazó sin ningún entendimiento de lo que lo aguardaba y en el proceso desató la guerra más grande jamás librada en el hemisferio occidental.

A Lee le avisan de la escaramuza y le dicen que una gran fuerza de La Unión se encuentra en Gettysburg. En vez de enviar a una unidad de caballería para que haga el reconocimiento, Lee ordena la movilización de todo su ejército. Es un error colosal.

Lee decide abandonar el plan original y renuncia a los que se llama un enfoque estratégico y comete el error de permitir que el desarrollo operativo guíe a la estrategia.

Lee ordena que todas sus fuerzas converjan en Cashtown una pequeña aldea a once kilómetros de Gettysburg. A Sun Tzu no le gustaría esta elección ya que Cashtown no ha sido totalmente explorada.

Si Robert E. Lee hubiera leído a Sun Tzu, habría sabido que era mejor emplear los recursos en averiguar lo que realmente estaba sucediendo, que proceder a actuar en base a lo que se pensaba que estaba sucediendo.

**Sun Tzu dice:**

*"Muévete solamente cuando veas una ventaja y cuando haya algo que ganar. Solo lucha si una posición es crítica"*

Unos 60.000 soldados confederados comienzan a aparecer desde las cercanas Cashtown y Carliste. Casi 3000 soldados de La Unión toman posición en la colina de Mc Pherson. Allí intentarán contener la arremetida de los soldados confederados hasta que llegue la ayuda, pero las fuerzas de La Unión se encuentran a muchos kilómetros hacia Washington D.C., así que los soldados de La Unión se retiran hacia el sur este, hacia las montañas de Cemetery, una cadena montañosa al este del pueblo, que tiene la forma de un anzuelo de pescar. Las montañas de Cemetery proporcionan una fuerte ventaja defensiva.

El terreno está tan obviamente a favor de la defensa que todos los oficiales de cualquier ejército, hubiesen elegido ese terreno, si hubiesen tenido la oportunidad.

Cuando el general Heintap llega, declara que es la mejor posición natural que jamás ha visto. Lee ve

## EL SUN TZU APLICADO A LA COMPETENCIA POR EL MERCADO

inmediatamente el peligro de la posición de La Unión, pero debido a que las tropas de La Unión, todavía están rezagadas Lee cree que son vulnerables. Lee da una orden al general confederado Ewell, que muchos creen que en realidad no es una orden. Lee le dice – ataca cuando creas que es práctico- No le ordena que ataque. Ewell nuevo en el campo no sabía lo que realmente estaba sucediendo, así que decide no atacar. El decidió que no era práctico porque sus tropas estaban cansadas, exhaustas y él quería descansar.

Pese a que algunos critican a Ewell por no seguir la orden, las palabras de Sun Tzu harían responsable a Lee, ya que si nos acordamos de las palabras de Sun Tzu cuando le demostró al rey del pequeño reino que él podía hacer ganar a su ejército y como ejemplo puso a las concubinas, Sun Tzu dijo en ese momento que *"si las órdenes no son claras la culpa es de el general"*

En Gettysburg se ve a Lee impartiendo órdenes muy poco claras y muy ambiguas a sus subordinados.

Los refuerzos de La Unión pronto llegan y fortalecen su posición. Lee ahora se enfrenta con una batalla cuesta arriba que casi seguramente va a perder.

**Sun Tzu dice:**

*"Cuando el enemigo ocupa tierras altas no lo confrontes, si ataca cuesta abajo, no le hagas oposición"*

Cuando cae la noche durante el primer día de la batalla de Gettysburg, Lee se reúne con otro general confederado James Longstreet un hombre que aborda la situación desde la perspectiva de Sun Tzu. Longstreet, desea que Lee abandone la idea de atacar a La Unión en tierras altas, en lugar de eso, quiere marchar al sur hacia las montañas de Cemetery y luego al este, a Washington D.C.

Longstreet dice, "esto forzará al ejército de La Unión a venir hasta las montañas de Cemetery y atacarnos en donde estamos y si nos atacan ganaremos". Eso hubiese sido precisamente lo que Sun Tzu hubiera recomendado, pero Lee dice que no. Apunta a las montañas de Cemetery y dice:- "el enemigo está allí y yo lo atacaré allí"-. Lee ha abandonado por completo su estrategia de **GO** y la revierte al Ajedrez.

Longstreet está sorprendido, el ve al ejército de La Unión atrincherado en las colinas y sabe que no deben atacarlos. Sun Tzu habría advertido en contra de esto, habría dicho: -"evalúen la situación ajusten su fuerzas y encuentren otra manera de atacar al enemigo"-. Pero Lee no escucha.

El segundo día de Gettysburg es un infierno en la tierra, las bucólicas tierras de pastoreo, se transforman en campos de muerte y son testigos de los más violentos enfrentamientos cuerpo a cuerpo de la guerra.

## EL SUN TZU APLICADO A LA COMPETENCIA POR EL MERCADO

En la cima de una colina, se encuentra el coronel de La Unión Joshua Chamberlain y el vigésimo regimiento de Maine, ellos han sobrevivido a tres ataques de los confederados y ya casi no tienen municiones, entonces viene el cuarto ataque y Chamberlain ordena usar bayonetas fijas, todos disparan las últimas dos rondas que les quedan. Chamberlain se pone de pie, empuña un sable y da la orden de que sus soldados lo sigan con las bayonetas al frente.

Las tropas de La Unión braman colina abajo. Conmocionados con el ataque, los soldados confederados se retiran. Contra todo pronóstico, las tropas de La Unión se aferran a la colina.

El principio de Sun Tzu de no atacar al enemigo en tierras altas se mantiene firme, pero esto no parece disuadir a Lee, ya que el ignorará a Sun Tzu una vez más y ordenará a sus hombres volver a atacar la colina.

**Sun Tzu dice:**

*"Hay algunos ejércitos que no debieran ser combatidos y algunos territorios que no debieran ser disputados"*

El sol sale al tercer día de la batalla de Gettysburg, pese a los miles de cadáveres esparcidos por los campos, el general confederado Robert E. Lee, está a punto de ordenar a sus tropas que vuelvan a atacar las tierras altas.

Una de las cosas que nunca se debe hacer en una guerra, es desperdiciar recursos en causas perdidas. Hay que seguir el consejo de Sun Tzu, utilizar un ataque para promover una victoria. Nunca se debe utilizar un ataque para rescatar una derrota.

Longstreet entiende esto. El general Longstreet una vez más sugiere a Lee que debe moverse alrededor de las montañas de Cemetery y amenazar a Washington D.C. para alejar a La Unión de las tierras altas. Longstreet entiende que los confederados están en una posición terrible, están en desventaja numérica, no tienen las tierras altas y han sufrido bajas terribles en los dos últimos días de lucha.

No hay una verdadera posibilidad de alejar al ejército de La Unión de las tierras altas, pero Lee siente que sus hombres han sacrificado demasiado como para retroceder y da la orden de atacar. La ofensiva de la infantería es liderada por el general de división George Pickett.

La historia es que el holandés Longstreet está sentado allí y Pickett dice: -general ¿debo ir?- y Longstreet simplemente bajó la cabeza y desvió la mirada.- General ¿debo ir?- Longstreet de nuevo desvió la mirada. Picket insistió, - general iniciaré el ataque- Longstreet volvió a desviar la mirada. Longstreet nunca dio la orden porque sabía que era suicida.

## EL SUN TZU APLICADO A LA COMPETENCIA POR EL MERCADO

Con el abrazador calor de julio, 12000 soldados confederados liderados por Pickett emprendieron la decidida marcha a través de un campo abierto de un kilómetro y medio de longitud. Mientras avanzaban en filas cerradas, cientos de ellos son alcanzados por el fuego de artillería y los rifles de La Unión.

No había un lugar en donde pudieran esconderse, casi no había separación entre las fuerzas de La Unión y las fuerzas Confederadas.

Si las fuerzas de La Unión simplemente podían mantenerse detrás de las posiciones reforzadas y atacar a los confederados, los confederados no tenían manera de defenderse.

Los hombres de Pickett demostraron su valor continuando el ascenso y hubo una unidad completa de un batallón de Carolina del Sur que marchaba directo al fuego de la unidad de artillería de Rhode Island y que fue destruida por el fuego de metralla. Toda la unidad murió instantáneamente.

De los más de 12.000 soldados confederados que participaron en el ataque, solo 5.000 sobrevivieron. La batalla de Gettysburg ha terminado.

Sun Tzu se hubiera horrorizado de la trágica pérdida del ataque de Pickett. Sun Tzu siempre creyó en el uso del intelecto más que la fuerza y el nunca atacar de frente a las fuerzas del enemigo si podía hacerlo de otro modo.

En Gettysburg, Lee no ajusta su estrategia a las condiciones del terreno, se rehúsa a retirarse aún cuando la situación es claramente desesperada y se quita el sombrero, desmonta y camina por el campo diciendo: -es mi culpa, todo es mi culpa-

El general Lee realmente tiene razón, todo es su culpa, nadie en sus cinco sentidos habría ordenado eso. Lee debió haber escuchado a Sun Tzu.

A final el fracaso de Lee, de no seguir la sabiduría de Sun Tzu le cuesta la guerra a los confederados.

**Sun Tzu dice:**

*"Cuando las tropas huyen se insubordinan, colapsan o son vencidas en batalla de forma aplastante. La culpa es de el general"*

En "El Arte de la Guerra", Sun Tzu imagina el papel del general supremo como un hombre que debe ser inteligente y astuto, nunca precipitado o arrogante".

Esto es exactamente lo opuesto al adversario de Sun Tzu en la guerra contra el reino del primer ministro.

Sun Tzu está completamente en contra del comportamiento impulsivo, precipitado o que haga marchar al ejército más rápido de lo debido para hacerse con la victoria. En la mente de Sun Tzu la victoria viene

## EL SUN TZU APLICADO A LA COMPETENCIA POR EL MERCADO

del pensamiento profundo, del cálculo detallado y una larga preparación.

Pese a que el primer ministro tiene un ejército más grande y poderoso. Sun Tzu demuestra su maestría superando al enemigo en inteligencia.

El primer ministro se apresura a ir a su capital, creyendo que Sun Tzu está a punto de invadirla, pero el maestro nunca tuvo la intención de atacar una ciudad tan bien protegida. Es una artimaña para atraer al primer ministro a una trampa y funciona perfectamente.

Sin advertencia, más de 20.000 guerreros de los de élite de Sun Tzu, tienden una emboscada a las fuerzas del primer ministro. El sorpresivo ataque crea confusión entre los soldados del primer ministro.

Lo que se tiene ahora es una serie de batallas entre las agotadas fuerzas del primer ministro y la fuerza principal de Sun Tzu. En cada batalla el primer ministro se debilita más, en cambio Sun Tzu se hace más fuerte y la capital del reino del primer ministro queda expuesta.

Sun Tzu se reúne con su ejército principal y ataca al desorganizado ejército del primer ministro.

Finalmente Sun Tzu ha ganado la guerra.

A través de:

1. La preparación

2. El Engaño y
3. Los ataques indirectos

Sun Tzu logra una de las más grandes hazañas de la historia. Pero tan misteriosamente como llegó, se marcha y desaparece

EL SUN TZU APLICADO A LA COMPETENCIA POR EL MERCADO

## II PARTE

## APLICACIÓN A LA EMPRESA

**Sun Tzu dice:**

*"La guerra es de vital importancia para el Estado; es el dominio de la vida o de la muerte, el camino hacia la supervivencia o la pérdida del imperio. Es forzoso manejarla bien. No reflexionar seriamente sobre todo lo que le concierne es dar prueba de una culpable indiferencia en lo que respecta a la conservación o pérdida de lo que nos es más querido, y ello no debe ocurrir en nosotros"*

Si los escritos de Sun Tzu los llevamos al campo empresarial podríamos expresar lo siguiente:

La lucha competitiva por un mercado o un segmento de mercado es de vital importancia para una empresa, es la razón de su existencia o desaparición, el camino hacia la supervivencia o simplemente la pérdida de la empresa. No reflexionar seriamente sobre todo lo que concierne a ella, es dar prueba de una culpable indiferencia en lo que respecta a la conservación de lo que nos es más querido, que es la empresa misma, nuestros puestos de trabajo y la manutención de nuestra familia; y ello no debe ocurrirnos a nosotros.

La competencia hay que valorarla en término de cinco factores fundamentales, y hacer comparaciones entre diversas condiciones de los bandos rivales, con vista a determinar los resultados de quien gana.

## EL SUN TZU APLICADO A LA COMPETENCIA POR EL MERCADO

**1.-La Doctrina:-** Que es aquello que hace que el personal de la empresa esté en armonía con su o sus directivos, de manera que le siga a donde sea, sin temer por la pérdida de su empleo ni correr peligro de que la empresa quiebre.

**2.-El Tiempo.-** Significa que quienes siguen al directivo, deben tener todos los implementos, herramientas o pertrechos necesarios para que puedan enfrentar a la competencia sin temor a si lo hacen en el día, en la noche, en días despejados o lluviosos o bien en estaciones diferentes.

**3.-El Terreno.-** El terreno implica las distancias, y hace referencia a dónde es fácil o difícil desplazarse para competir, si lo haremos en campos abiertos es decir que la competencia nos vea o en lugares estrechos en donde tendremos que enfrentarnos con ella sí o sí. Y el terreno en que nos enfrentemos influenciará sin lugar a dudas en las posibilidades de nuestra supervivencia.

**4.-El Mando.-** Quien dirija nuestra empresa ha de tener como cualidades: sabiduría, sinceridad, benevolencia, coraje y disciplina.

**5.-La Disciplina.-** La disciplina ha de ser entendida como la organización de nuestra empresa, las jerarquías y rangos entre los directivos, la regulación de las rutas de suministros, y la provisión de los requerimientos de la empresa.

Estos cinco factores fundamentales han de ser conocidos por cada directivo superior. Aquel que los domina, vence; aquel que no, será vencido. Por lo tanto, al trazar los planes, han de compararse los siguientes siete factores, valorando cada uno de ellos con el mayor cuidado:

- ¿Qué directivo es más sabio y capaz? ( el mío o el de la competencia)
- ¿Qué Gerente posee el mayor talento? (el mío o el de la competencia)
- ¿Qué empresa obtiene más ventajas de la naturaleza y el terreno?( el mío o el de la competencia)
- ¿En que empresa se observan mejor las regulaciones y las instrucciones? ( la mía o la competencia)
- ¿Qué empresa tiene directivos y funcionarios mejor entrenados?( la mía o la competencia)
- ¿Qué empresa administra mejor las recompensas y los castigos en forma más justa?( la mía o de la competencia)

Mediante el estudio de estos siete factores, seremos capaces de adivinar cuál de las dos empresas saldrá victoriosa y cual será derrotada.

## EL SUN TZU APLICADO A LA COMPETENCIA POR EL MERCADO

El Directivo que siga estos consejos, es seguro que vencerá. Ese directivo ha de ser mantenido al mando de la empresa. Aquel que ignore estos consejos, ciertamente será derrotado. Ese debe ser destituido.

Tras prestar atención a estos consejos y planes, el directivo debe crear una situación que contribuya a su cumplimiento. En otras palabras debe tomar en consideración la situación del campo en donde enfrentará a la competencia, y actuar de acuerdo con lo que le es más ventajoso.

Cómo se explicó al comienzo, el arte de ganarle el mercado a la competencia se basa en el engaño. Por lo tanto, cuando se es capaz de atacar, deberemos aparentar incapacidad de hacerlo; cuando nuestra competencia se mueva, deberemos aparentar inactividad. Si estamos muy cerca de nuestra competencia, deberemos hacerle creer que estamos lejos; si estamos lejos, deberemos aparentar que estamos cerca. Deberemos poner cebos para atraer a la competencia a nuestro campo.

Cuando veamos a nuestra competencia desordenada, entonces deberemos golpearla. Cuando ella se sienta segura en todas partes, deberemos prepararnos contra ella. Cuando sea más fuerte deberemos evitarla durante un tiempo. Si la competencia en su actuar o sus directivos, tienen un temperamento colérico, entonces deberemos intentar irritarle. Si se muestra arrogante, deberemos fomentar su egoísmo.

Si nuestra competencia se halla bien preparada tras una reorganización, deberemos intentar desordenarlas. Si están unidas, deberemos sembrar la disensión entre sus filas. Deberemos atacar a la competencia cuando no se encuentre preparada, y aparecer cuando no nos espera. Estas son las claves de la victoria para el estratega.

Si las estimaciones y análisis realizados antes de entrar en competencia nos indican victoria sobre ella, es porque los cálculos que en forma cuidadosa hemos realizado nos muestran que nuestras condiciones son más favorables que las condiciones de la empresa competidora; si, por el contrario nuestros cálculos y análisis nos indican que seremos derrotados, es porque muestran que las condiciones favorables para entrar en competencia son menores. Cuando hacemos una evaluación cuidadosa, podremos vencer; sin ella, no se puede vencer. En todo caso tendremos mucho menos oportunidades de conseguir superar a la competencia cuando no hemos realizado cálculos, ni análisis en absoluto.

**Si seguimos éste método, podremos examinar la situación y el resultado nos aparecerá claramente.**

Nunca olvidar que nuestro objetivo debe ser capturar el mercado o segmento del mercado de nuestra competencia, de manera tal que para hacerlo es necesario definir los mercados que perseguimos y comprometernos como empresa en conjunto a alcanzar ese objetivo. Si lo hacemos entonces aseguraremos nuestra supervivencia y prosperidad. Esto no significa que por luchar por el dominio del mercado destruyamos la rentabilidad de nuestra empresa.

Atacar un mercado o una empresa no significa destruirla, por ejemplo, aplicando una política de Dumping. ¿Para qué ganar un mercado que nosotros mismos hemos destruido?

## SOBRE LA INICIACION DE LAS ACCIONES

Una vez que hemos comenzado nuestra lucha por desplazar a la competencia en el mercado y aunque estemos ganando, no deberemos de continuar por mucho tiempo en nuestra lucha, ya que de ser así, desanimaremos a nuestro personal y embotaremos nuestra mente. Si tenemos a nuestra empresa competidora sitiada, entonces agotaremos nuestras fuerzas. Si mantenemos a nuestra empresa mucho tiempo en campaña, nuestros suministros se agotarán.

Si nuestro personal se desanima, si su mente se embota, si las fuerzas se agotan y los suministros se hacen escasos, hasta nuestro propio personal se aprovechará de nuestra debilidad para sublevarse. De suceder así, aunque tengamos asesores sabios, al final no podremos hacer que las cosas salgan bien.

Nunca es beneficioso para una empresa que una lucha competitiva se prolongue por mucho tiempo.

Por lo tanto si nos vamos a enfrentar en una lucha por la ventaja competitiva con una empresa competidora, deberemos ser más rápido como el trueno que retumba antes de que nos hayamos podido tapar los oídos, deberemos ser veloces como el relámpago que relumbra antes de haber podido pestañear.

Por lo tanto, los que no son totalmente conscientes de la desventaja de servirse de los suministros de la empresa no pueden ser totalmente conscientes de las ventajas de utilizarlos.
Los que utilizan los suministros de la empresa con pericia no activan a su personal dos veces, ni proporcionan provisiones en tres ocasiones con un mismo objetivo.

Lo anterior significa que no deberemos movilizar al personal de la empresa más de una vez por campaña, y que inmediatamente después de alcanzar la victoria no deberemos regresar nuevamente a la empresa para emprender una segunda movilización del personal.
Cuando iniciamos una lucha por ganar un mercado a la competencia, al inicio de la misma será la propia empresa la que nos abastecerá, pero después una vez alcanzado el objetivo (ganar el mercado o parte de él a la competencia), será entonces la competencia quien nos proporcione los abastecimientos. Esto significa que no

## EL SUN TZU APLICADO A LA COMPETENCIA POR EL MERCADO

deberemos empobrecer a la empresa a causa de nuestras operaciones de lucha por un mercado, pues podremos agotar nuestros recursos, bajaremos los salarios, resentiremos al personal y finalmente terminaremos arruinados.

No debemos olvidar que el personal constituye la base de la empresa, el sueldo y la alimentación, la felicidad del personal. Por lo tanto el directivo debe respetar este hecho y ser sobrio y austero en sus gastos.

Tampoco debemos olvidar que cada cuota de mercado que quitemos a nuestra competencia equivale a veinte que suministramos a nuestra empresa.

*No olvidar que a la competencia la arrasa la imprudencia y a nuestro personal la motivación por asumir los beneficios de el mercado dejado por esa competencia.*

Cuando se recompense al personal con los beneficios que ostentaba la competencia esto los hará luchar por propia iniciativa, de manera tal que así podremos tomar el poder y la influencia que tenía la empresa competidora.

*No olvidar que en donde hay grandes recompensas hay personal capaz de lograr los objetivos.*

Por consiguiente en una lucha por un mercado o por un segmento del mercado, debes recompensar al que obtenga mayores logros ya que si se recompensa a todo el mundo, no habrá suficiente recompensa para todos, así pues, ofrece una recompensa a un trabajador para animar a todos los demás. Trata bien al personal y préstele atención.

El personal de la empresa competidora que ha quedado sin trabajo y que desean emplearse en tu empresa, si los contratas, deberás tratarlos bien para conseguir que en futuro se identifiquen con nuestra empresa y luchen por ella. A esto se llama vencer al adversario e incrementar por añadidura tus propias fuerzas.

*"No olvidar que si utilizas al personal de la competencia para derrotar a esa competencia, serás poderoso en cualquier lugar a donde vayas"*

Así entonces, lo más importante en una operación de ganar un mercado o segmento de mercado a la competencia es la victoria y no la persistencia. Esta última no es beneficiosa.

Nunca deberemos olvidar que el que está a la cabeza de la empresa está a cargo de la satisfacción de su personal y la seguridad de su propia empresa.

## SOBRE LAS PROPOSICIONES DE LA VICTORIA Y LA DERROTA

## EL SUN TZU APLICADO A LA COMPETENCIA POR EL MERCADO

Como regla general es mejor conservar a una empresa competidora intacta que destruirla. Si conquistamos a su personal, dominaremos a sus directivos.

Calculemos la fuerza de nuestra empresa competidora, hagamos que pierdan el ánimo y su dirección, de manera tal que aunque la empresa competidora esté intacta sea inservible: esto es ganar sin violencia.

Por esto los que consiguen que la empresa competidora se rinda impotente sin luchar son los mejores estrategas en el arte de ganar mercado a la competencia.

Los directivos superiores atacan, en tanto que la competencia está proyectando sus planes.

Si vas a desarrollar una lucha competitiva por hacerte de un mercado o parte de ese mercado, será necesario emplear no menos de tres meses en prepararte para enfrentar a la competencia y otros tres para coordinar los recursos y salir al enfrentamiento. (No olvidar al general Giap) Nunca se debe atacar cuando se está con cólera o bien con prisa. Es aconsejable que los directivos de la empresa se tomen un tiempo en la planificación y coordinación del plan.

Por lo tanto un verdadero estratega y maestro en el arte de ganarle un mercado a la competencia vencerá a la empresa competidora sin luchar, conquista el mercado sin asediarlo y destruye a la otra empresa sin emplear mucho tiempo.

Un directivo experto en el arte de ganarle un mercado a la competencia , lo primero que debe hacer es deshacer los planes de la competencia, estropear sus relaciones y alianzas, cortarle los suministros o bloquear sus vías de acceso, venciendo mediante éstas tácticas sin necesidad de luchar.
Es imprescindible si se quiere obtener un mercado o parte de ese mercado, luchar contra todas las facciones de la empresa competidora, de manera que el personal de su empresa no quede acuartelado y el beneficio sea total. Esta es la ley del asedio estratégico.

La victoria completa se produce cuando la empresa competidora no lucha, el mercado no es asediado, la competencia no se prolonga durante mucho tiempo y la empresa competidora es vencida finalmente por el empleo de la estrategia.

**La Regla de la Utilización de tu fuerza.-**

- Si la fuerza de tu empresa es diez veces superior a la de la empresa competidora, entonces, rodéala.-
- Si la fuerza de tu empresa es cinco veces superior a la de la empresa competidora, entonces atácala.-

## EL SUN TZU APLICADO A LA COMPETENCIA POR EL MERCADO

- Si la fuerza de tu empresa es dos veces superior a la de la empresa competidora, entonces divídela.
- Si tu fuerza es igual en número a la de tu empresa competidora, entonces lucha si te es posible.
- Si tus fuerzas son inferiores a la de tu empresa competidora, mantente continuamente en guardia, pues la más pequeña falla te acarrearía las peores consecuencias. Trata de mantenerte al abrigo y evita en lo posible un enfrentamiento abierto con tu competencia; la prudencia y la firmeza de una pequeña empresa (como la nuestra) pueden llegar a cansar y a dominar incluso a una gran empresa.

**Pero ¡Ojo!**

El consejo anterior se aplica solo en los casos en que todos los factores son equivalentes. Ya que si tu empresa está en orden en tanto la competencia está inmersa en el caos, si tu empresa y tus fuerzas están con ánimo y ellos desmoralizados, entonces aunque sean más numerosos, puedes entonces entrar en competencia. Ahora bien, si tu personal, tus fuerzas, tu estrategia y tu valor son menores que los de la empresa competidora, entonces debes retirarte y buscar una salida.

Si tu empresa es más pequeña pero es obstinada, lo más probable es que caerás derrotado por la empresa más grande.

Por lo tanto si somos una pequeña empresa y no hacemos una valoración adecuada de nuestro poder y nos atrevemos a enemistarnos con una gran empresa, por mucho que nuestra pequeña empresa sea firme, inevitablemente seremos derrotados.

Si no podemos ser fuertes, pero tampoco sabemos ser débiles, seremos derrotados por la competencia

Los directivos son servidores de la Empresa. Cuando su servicio es completo, la empresa es fuerte. Cuando su servicio es defectuoso, la empresa es débil.

**Maneras de conducir a la empresa al desastre.-**

Existen tres maneras en las que un directivo lleva a la empresa al desastre:

- Cuando un directivo ignorando los hechos, ordena avanzar a su personal o retirarse cuando ne deben hacerlo. A esto se llama inmovilizar la empresa.
- Cuando un directivo ignora los asuntos empresariales y estratégicos, pero comparte en pie de igualdad el mando de la empresa, el personal acabará confundido.
- Cuando el directivo ignora cómo llevar a cabo las maniobras competitivas, pero comparte por igual su dirección, el personal está vacilante. Una vez que el personal de la empresa está confundido y vacilante, empiezan los problemas procedentes de la empresa competidora. A esto se llama perder la

## EL SUN TZU APLICADO A LA COMPETENCIA POR EL MERCADO

victoria por trastornar el aspecto empresarial.

Si se intenta utilizar los métodos de un grupo por ejemplo (de accionistas) para dirigir una operación empresarial, la operación será confusa.

**Triunfan aquellos que:**

- Saben cuándo competir y cuando no.
- Saben discernir cuando utilizar mucho o poco personal.
- Tienen personal cuyos rangos superiores e inferiores tienen el mismo objetivo.
- Se enfrentan con preparativos a empresas competidoras desprevenidas.
- Tienen directivos competentes y no limitados por ejemplo (por sus accionistas)

**Estas son las maneras de conocer al futuro vencedor.**

**Para los directivos de empresas**

- Si conoces a la competencia y te conoces a ti mismo, ni en cien enfrentamientos correrás peligro.
- Si no conoces a la competencia, pero te conoces a ti mismo, perderás un enfrentamiento y ganarás otro.

- Si no conoces a la competencia ni te conoces a ti mismo, correrás peligro en cada enfrentamiento.

## SOBRE LA MEDIDA EN LA DISPOSICION DE LOS MEDIOS

Los Directivos de empresa deben en primer lugar hacerse invencibles ellos mismos y después aguardar para descubrir la vulnerabilidad de los directivos de la empresa competidora.
Hacerse invencible significa conocerse a sí mismo, aguardar para conocer la vulnerabilidad de los otros es conocer a los demás.
La invencibilidad está en uno mismo, la vulnerabilidad en el adversario.
Si queremos entrar en una lucha de competencia con otra empresa por un mercado o segmento de mercado y no conocemos los planes del competidor sobre el cual informarnos, como tampoco conocemos el nivel de negligencia o cuáles son sus fallas, entonces ¿cómo podremos vencerlos?
La invencibilidad es una cuestión de defensa, la vulnerabilidad, una cuestión de ataque.
En tanto no hayamos observado vulnerabilidades en la competencia, deberemos entonces ocultar nuestros propios planes de ataque, y prepararnos para ser

invencibles (defendernos), con la finalidad de preservar a nuestra empresa. Pero, cuando la empresa competidora tiene planes vulnerables, entonces es el momento de salir a competir con ellos.

Lo anterior significa que la defensa es para tiempos de escasez, el ataque para tiempos de abundancia.

Si la competencia quiere atacarnos y somos débiles, entonces deberemos hacer todo lo posible por escondernos en lo más profundo de la tierra.

Pero si somos nosotros los fuertes y deseamos entrar en competencia nuestra maniobra será entonces escondernos en las posiciones más elevadas casi a las altura del cielo. Así entonces estaremos protegidos y lograremos desplazar a la competencia.

En situaciones de defensa, así como deberemos ocultarnos, también deberemos acallar nuestras voces, nuestra empresa permanecerá silenciosa y trataremos de borrar nuestras huellas, nos esconderemos como fantasmas y espíritus bajo tierra, invisibles para todo el mundo. Que la competencia no sepa ni donde estamos, donde nos encontramos, que estamos haciendo y nos prepararemos para atacar en donde la competencia ni siquiera se imagina desde donde vendrá el ataque.

Cuando una empresa es débil y decide enfrentarse con una empresa fuerte respecto de la cual desconocemos su vulnerabilidad, prever la victoria cuando cualquiera la puede conocer no constituye verdadera destreza. Sabido es que todo el mundo elogia la victoria ganada en batalla, pero esa victoria no es realmente tan buena.

Todo el mundo elogia la victoria en la batalla que ha ganado la competencia, pero lo verdaderamente deseable es poder ver el mundo de lo sutil, de lo más profundo de las cosas, es decir darse cuenta del mundo de lo oculto, hasta el punto de ser capaz de alcanzar la victoria donde no existe forma.

Lo que todo el mundo conoce no se llama sabiduría.

Si eres una empresa débil, pero al mismo tiempo el directivo estratega es capaz de ver lo sutil, lo oculto, el sentido profundo de las cosas y luego irrumpir en donde la competencia menos lo espera y si vences, entonces la victoria así obtenida es una victoria fácil.

Nunca hay que olvidar que las victoria obtenidas en un enfrentamiento abierto entre una empresa débil y otra poderosa o grande , no son casualidades, sino que son debidas a haberse situado previamente en una posición de poder ganar con seguridad, imponiéndose sobre los que ya han perdido de antemano.

La gran sabiduría no es algo obvio, el mérito grande no se anuncia. Cuando el ejecutivo de empresa es capaz de ver los sutil, lo profundo, lo oculto, es fácil ganar.

Así pues, los buenos estrategas toman posición en un terreno en el que no pueden perder, y no pasan por alto las condiciones que hacen a su competencia proclive a la derrota.

## EL SUN TZU APLICADO A LA COMPETENCIA POR EL MERCADO

Por lo tanto una empresa victoriosa en una lucha por un mercado o segmento de mercado gana primero y se enfrenta en competencia después. En cambio una empresa derrotada en el mercado lucha primero e intenta obtener la victoria después.
**Esta es la gran diferencia entre los que tienen estrategia y los que no tienen planes premeditados.**

Cuando en la empresa existe una disciplina estricta, hasta el punto de que el personal de la misma moriría antes que desobedecer las órdenes, y las recompensas y castigos merecen confianza y están bien establecidos, cuando los directivos son capaces de actuar de esta forma, entonces pueden vencer a cualquier empresa en el campo competitivo.

## SOBRE LA FIRMEZA

La fuerza es la energía acumulada o lo que se percibe como tal. La fuerza es muy cambiante. Los directivos expertos son capaces de vencer a la competencia creando una percepción favorable en ellos, así obtener una victoria sin necesidad de ejercer la fuerza.
Dirigir a muchas personas en una empresa como si fueran pocas es una cuestión de dividirlas en grupos o sectores, a esto se llama organización.
Lograr que una empresa sea capaz de competir contra otra sin ser derrotada es una cuestión de emplear métodos ortodoxos o heterodoxos.

La ortodoxia, es decir la doctrina que sostiene la mayoría de las personas y la heterodoxia es decir cuando no se está de acuerdo con la opinión sustentada por la mayoría no son algo fijo, sino que se utilizan como un ciclo. El directivo de empresa que desarrolle una estrategia para competir con otra empresa por un mercado o un segmento de mercado, deberá ser capaz de manipular las percepciones de la competencia sobre lo que es ortodoxo y heterodoxo, y después atacar a la competencia en forma inesperada, combinando ambos métodos hasta convertirlo en uno, volviéndose así indefendible para la competencia..

Cuando se **"induce"** a la competencia a atacarnos en nuestro territorio, la fuerza de la competencia siempre estará en desventaja; en tanto no compita nuestra empresa en lo que ellos son mejores. Así entonces nuestra fuerza siempre estará en ventaja. Atacar en desventaja contra lo que está en ventaja será como arrojar piedras sobre huevos: de seguro se rompen.

Cuando entablamos una competencia por un mercado con otra empresa y lo hacemos en forma directa, la victoria se gana por sorpresa.

Por lo tanto el ataque directo es ortodoxo, es decir cómo se expuso, se conoce y se defiende por la mayoría. Pero el ataque indirecto es heterodoxo, se ataca no importando lo que opinen los demás o la mayoría, en otras palabras la competencia desconoce cómo será el ataque que realizaremos contra su mercado.

## EL SUN TZU APLICADO A LA COMPETENCIA POR EL MERCADO

Siempre se deberá tener en cuenta que el ataque mejor ejecutado puede ser arruinado si se pierde el impulso inicial.

Solo hay dos clases de ataques en la lucha por la competencia. El extraordinario es decir el que ejecutamos por sorpresa y el directo ordinario, es decir el que ejecutamos en forma normal, frente a frente, pero, como se expuso, estos tienen muchas variantes, se puede combinar tanto lo ortodoxo como lo heterodoxo, como si fuese un círculo sin comienzo ni fin

En todo caso para efectuar un ataque, debemos ser rápidos, veloces como el agua que llegado a un punto puede mover rocas gigantes, pero al mismo tiempo, no basta con ser veloces sino que también debemos ser precisos en alcanzar nuestro objetivo.

Nuestra fuerza debe ser como una catapulta, precisa y certera para lograr el objetivo y el efecto que esperábamos.

Expresábamos anteriormente que el engaño es fundamental en nuestra lucha competitiva y una de las formas de hacerlo es que podamos fingir desorden en nuestra empresa a objeto de convencer a nuestra competencia que prácticamente nos encontramos en el caos. De esa manera lograremos distraerlo.

Para realizar lo anterior lo primero que debe hacer es organizar el propio orden en nuestra empresa, ya que es la única forma de que podamos crear un desorden artificial.

Hay dos elementos que son importantes a la hora de enfrentarnos con nuestra competencia:

**1.-** Si queremos conocer la estrategia de nuestra competencia, deberemos fingir temor.
**2.-** Si queremos descubrir cuan arrogante es nuestra competencia, deberemos fingir debilidad.

Para lograr lo anterior deberemos por una parte ser fuertes para pretender ser débiles y valientes para poder fingir temor.

Tanto el orden que tenga nuestra empresa y el desorden que podamos demostrar frente a la competencia, nos es otra cosa que organización. De manera tal que si somos ordenados y demostramos desorganización a los ojos de nuestra competencia, es que estamos entonces organizados.

Cuando una empresa tiene la fuerza de la percepción, es decir de conocer lo que hará la competencia y la estrategia que aplicará, incluso la empresa pequeña, se vuelve fuerte, pero cuando se pierde la percepción de los planes y estrategias de la competencia, entonces hasta la empresa más fuerte y poderosa, se vuelve tímida.

**La Astucia.**
La astucia se define como la habilidad para conseguir

algo, especialmente para engañar o para evitar un engaño.

Si somos astutos, podremos anticipar y lograr que la competencia se convenza a si misma de cómo actuar y como moverse. Si somos astutos les ayudaremos a caminar por el camino que nosotros tracemos, le haremos mover pensando en que triunfarán sobre nosotros y finalmente le tenderemos la emboscada.

Los buenos gerentes buscan la afectividad del triunfo sobre la competencia a partir de la percepción que se tenga de los planes y estrategias de la competencia y no dependen en gran medida de la fuerza de su personal.

Llegado el momento de enfrentar a la competencia, los gerentes, deberán ser capaces de escoger a la mejor de su gente, desplegarlos adecuadamente y dejar que la fuerza de lo que ha percibido de su oponente logre sus objetivos.

Cuando existe el entusiasmo, la convicción, el orden, la organización, se dispone de recursos, el personal de la empresa se encuentra comprometido, se tiene la percepción de lo que hará nuestra competencia y finalmente nos sentimos fuertes. Será entonces posible asignar a nuestro personal de acuerdo a sus capacidades, sus habilidades y encomendarles deberes y responsabilidades adecuadas. Así entonces, cada uno de ellos hará la tarea y cumplirá la función que se le ha encomendado, pues cada cual es útil.

Haciendo que nuestra empresa entre en competencia como un todo, recursos, personal, orden, disciplina, etc., permitiendo que la fuerza de nuestra percepción (conocimiento de los planes y estrategias de la competencia) haga su trabajo, será como hacer rodar rocas en un plano inclinado.

Si conducimos a nuestra empresa en una lucha competitiva y lo hacemos con astucia, ésta será la fuerza que nos conduzca a la victoria.

## SOBRE LO LLENO Y LO VACIO

Estamos en un mundo competitivo, todo es competencia y eso lo saben y conocen muy bien los empresarios. En cualquier momento surge una empresa que se transforma en competencia nuestra, lo que significa que tendremos que enfrentarnos con ella en alguna ocasión, pues esa competencia pone en peligro la supervivencia de nuestra empresa, de nuestro personal, de nuestras ilusiones. ¿Dejaremos que esa competencia, nos pase por encima? La lógica y el razonamiento nos dice que no, ya que si queremos sobrevivir y no perder nuestro mercado, deberemos entrar en competencia.

De lo anterior se desprende entonces que las empresas que se anticipan, que se preparan y que llegan primero al mercado y esperan al oponente, se encontrarán en una posición descansada, lo cual no significa que no esté

## EL SUN TZU APLICADO A LA COMPETENCIA POR EL MERCADO

atenta a lo que sucede en el entorno.

La empresa que llega después de usted y desea entrar en competencia y además improvisan y entablan la lucha por el mercado, quedan agotados. Sus esfuerzo será mayor, pues están recién llegando donde usted ya está.

Si su empresa ya se encuentra posicionada en el mercado, pero sabe que una nueva está pronto a instalarse y competirá con la suya, deberá esperar a que sea la nueva la que venga hacia usted y no salir a buscarla.

Si su empresa hace que la competencia venga hacia usted para competir, la fuerza de su oponente estará siempre vacía, ya que es ella la que está haciendo el esfuerzo, gastando sus recursos, su personal, etc. Si no salimos a campo abierto a combatir, sino que esperamos a nuestra competencia, nuestra empresa estará siempre llena, no hemos desgastado nuestros recursos ni nuestro personal.

Es lo que Sun Tzu llama el arte de vaciar a los demás y de llenarse uno mismo.

El gerente siempre debe tener en cuenta que lo que impulsa a la competencia por venir hacia nosotros es siempre la perspectiva de ganar, de ganar un mercado, de ganar un segmento de mercado, en otras palabras de desplazarnos del mercado. Pero, lo que desanima a la competencia de ir en contra nuestra es la probabilidad cierta de sufrir daños.

Si la competencia se encuentra en:

1. Posición favorable, deberemos cansarlos.

2. Disponga de muchos recursos. Desgastarlos.
3. Cuando estén descansando. Ponerlos en movimiento.

Al entrar en competencia deberemos aparecer en sus puntos críticos (donde ellos vean que tienen problemas) y en donde menos ellos lo esperen, para que tengan que acudir al rescate y así dividir su fuerza.

Debemos competir en donde ellos no puedan ir, competir en donde ellos menos lo esperen.

Si nos vemos asediado por la competencia, deberemos entonces distraer su atención, podemos llevar la lucha competitiva a otros lugares y para ello, competir en donde ellos sean débiles o bien tengan poca presencia.

El gerente debe ver en donde la competencia es débil o bien que su presencia no sea de mucha importancia y tratar de ganar ese mercado, tratando en lo posible de desviar sus fuerzas.

Si vamos a defendernos de un posible ataque de la competencia, nuestra empresa debe estar unida frente a su líder, deben cumplir con las instrucciones que se les imparten, el personal debe actuar con lealtad y con compromiso frente al enfrentamiento.

Los planes y preparativos desarrollados por la empresa para la defensa en contra de la competencia, deben ser implantados con firmeza.

El gerente debe actuar de manera tan sutil y reservada, que jamás deberá revelar su estrategia de ninguna

## EL SUN TZU APLICADO A LA COMPETENCIA POR EL MERCADO

forma, de manera tal que la competencia se sienta insegura y su inteligencia no le sirva de nada.

La única forma de que la competencia desconozca lo que haremos, cuáles son nuestros planes y la estrategia a desarrollar, es que se actúe en forma discreta, reservada, misteriosa y confidencial. El silencio, es la base del éxito, así, con nuestro silencio y el de nuestro personal, la competencia no podrá descubrir lo que haremos y podremos entonces tener la capacidad de nosotros dirigir a la competencia y no ella a nosotros.

Como ya es bien sabido, sin queremos competir sin encontrar resistencia, deberemos atacar los puntos débiles de la competencia, pero para hacer eso, deberemos primero conocerlos y cuando la competencia nos ataque, deberemos ser lo más veloces posibles, tratando de esquivarlos y superando su velocidad de respuesta.

Las situaciones de competencia se basan en la velocidad.

*"llega como el viento, muévete como el relámpago, y la competencia no podrá vencerte"*

Cuando la empresa desee entrar en lucha contra la competencia, incluso si esta se encuentra bien atrincherada en una posición defensiva, no podrá evitar competir si se ataca en el lugar (más débil) en que deberá acudir al rescate de esa posición débil, pero, por el contrario, cuando la empresa no desee competir, deberemos entonces dejar señuelos, pero esos señuelos serán eso, pistas falsa, de manera tal que cuando nuestra competencia llegue para atacarnos , no debemos enfrentarnos, sino que cambiar nuestra estrategia ( que se encuentra preconcebida) para confundirlos y llenarlos de incertidumbre.

De lo anterior se desprende que somos nosotros los que debemos inducir a la competencia a mostrar sus planes, en tanto que nosotros permanecemos en las sombras, sin forma, en plena concentración. Con eso dividimos al competidor

Lo que parece para nosotros algo natural, es decir el no mostrarnos y atacar cuando veamos la oportunidad y en sus puntos débiles, la competencia verá que nuestro comportamiento es sorprendente, extraordinario y así la competencia se mostrará en plenitud. Cuando esto suceda, deberemos concentrar nuestras fuerzas y la concentraremos en contra de ella. Ella no nos puede ver, permanecemos ocultos, no sabe por dónde vendrá el golpe y por lo tanto dividirá sus fuerzas debilitándose aún más.

Habiendo logrados dividir a la competencia en tanto nosotros actuamos como una sola fuerza, podremos superarlos en el mercado, pues nuestra fuerza es mayor que la de ella.

A la empresa nunca debe importarle atacar a unos pocos mercados, incluso más pequeños, si lo hacemos así, de todas forma diezmaremos a la competencia.

Cuando estemos fuertemente atrincherados, en una posición defensiva y tenemos una posición de fortaleza, actuamos en silencio y no dejamos pasar ninguna información que pueda conocer la competencia, podemos salir a conquistar mercados más débiles, sin un orden preciso a vista de la competencia, pero un orden preciso desde el punto de vista nuestro, podemos entonces conquistar los mercados que pretendemos.

Nunca la competencia debe conocer cuál es el mercado que nos interesa, ni menos en donde llevaremos a cabo nuestra lucha por ese mercado. La razón es que la empresa competidora destacará muchos puestos de vigilancia es decir, tratará de abarcar todo el mercado, pero hay algunos más débiles que otro, sin embargo cuando su mercado ocupa un gran territorio, por ejemplo todo el país, entonces deberemos competir contra los pequeños territorios, los más débiles.

Nunca una empresa, sea esta regional, nacional, mundial o globalizada es tan fuerte como para no presentar puntos débiles, así entonces cuando su vanguardia (la parte que va delante del cuerpo principal) está preparada, su retaguardia (la parte de atrás de la competencia) es defectuosa, y cuando su retaguardia está preparada, su vanguardia presenta puntos débiles.

Lo mismo en relación con la preparación de su ala derecha implicará que su ala izquierda está debilitada. Si se preparan por todas partes significará que su vulnerabilidad está en todas partes.

Si la competencia se encuentra en todas partes, nos está señalando que sus fuerzas están desperdigadas en pequeñas unidades.

Cuando somos una pequeña o mediana empresa que se enfrenta en una competencia con una empresa grande, entonces deberemos actuar a la defensiva en contra de la competencia, La Empresa grande siempre hace que el competidor pequeño o mediano tenga que defenderse.
En tanto se obligue a la competencia a adoptar mas defensas, más lo debilitaremos.

La información obtenida y que proviene de la competencia, debe ser segura, para poder actuar sobre seguro, así entonces si conocemos lo que la competencia hará, en una lucha competitiva por el mercado, podremos prepararnos para la defensa o para el ataque, pero si desconocemos los planes, las estrategias de la competencia, lo que piensa ella, entonces nuestro flanco izquierdo no puede salvar al derecho ni la vanguardia puede salvar a la retaguardia y viceversa, ni siquiera en un pequeño mercado.

Aunque la empresa sea más grande y poderosa que el resto, si no conocemos los planes, las estrategias o la mente de la competencia ¿Cómo podrá saber entonces si se ganará o se perderá en esta batalla competitiva?
Por lo tanto, nuestra victoria la podemos crear.
Para ello la empresa debe:

**1.-** Hacer que la competencia, no conozca ni el lugar ni la fecha cuando emprenderemos nuestro ataque

## EL SUN TZU APLICADO A LA COMPETENCIA POR EL MERCADO

competitivo. Así podremos vencer.

**2.**- Si la empresa es grande y poderosa, hacer que no compita con nosotros.

## CONOCE A LA COMPETENCIA.-

Para que una empresa conozca a su competencia deberá:

1. Hacer una valoración de ella, para conocer sus planes. Al conocer sus planes podremos determinar que estrategia puede tener éxito y cual no.
2. Debemos incitarlos a la acción, que se muestre, para descubrir cómo se mueve y como descansa.
3. Llama su atención ya sea a favor o en contra de la competencia. Así podremos descubrir sus hábitos de comportamiento tanto de acción como de reacción, de ataque y de defensa.
4. Inducir a adoptar estrategias específicas. Así conoceremos sus puntos débiles.

Los puntos enumerados anteriormente son muy importantes y se basan en la información que se nos ha entregado para conocer y descubrir a la competencia en su actuar.

La idea es que utilicemos diversos métodos para confundir y perturbar a la competencia. Nuestro objetivo es poder observar las formas de respuesta hacia nosotros, de manera tal que una vez observada su reacción, actuar en consecuencia y conocer las situaciones que significan peligros para nuestra empresa y cuales éxito.

Probemos a la competencia para averiguar sus puntos débiles y sus puntos fuertes. Tratar de que no descubran lo que estamos haciendo, esto se logra con la no forma, cuando estamos ocultos, los informadores no pueden descubrir nada, ya que sin información de nuestras intenciones, la competencia no puede crear una estrategia.

Nuevamente volvemos al actuar en forma secreta, oculta y misteriosa. Por lo tanto en nuestro actuar oculto y secreto, no deberemos dejar huellas que nos puedan descubrir, así quienes nos espían, no encontrará grietas por donde mirar y los que están a cargo de la planificación de la competencia, no podrán establecer ningún plan realizable.

La estrategia que nos ha llevado a vencer a la competencia debe ser desconocida por el resto de la empresa. Todo el mundo conoce la forma de cómo se obtuvo la victoria, pero nadie debe conocer la forma de cómo se aseguró la victoria.

Una estrategia exitosa en un momento, no puede ser repetida, sino que se debe adaptar a las circunstancias, los hechos, el terreno, la competencia misma, etc. Entonces, determinar los cambios apropiados, significa no repetir las estrategias previas para obtener la victoria. Para lograrla puedo adaptarle desde el comienzo a cualquier estrategia que la competencia pueda adoptar.

Una estrategia exitosa en un momento, no puede ser repetida, sino que se debe adaptar a las circunstancias, los hechos, el terreno, la competencia misma, etc. Entonces, determinar los cambios apropiados, significa no repetir las estrategias previas para obtener la victoria. Para lograrla puedo adaptarle desde el comienzo a cualquier estrategia que la competencia pueda adoptar.

Como dice Sun Tzu *"Las formaciones son como el agua: la naturaleza del agua es evitar lo alto e ir hacia abajo; la naturaleza de los ejércitos es evitar lo lleno y atacar lo vacío; el flujo del agua está determinado por la tierra; la victoria viene determinada por el adversario".*

En otras palabras, la naturaleza de una empresa que entra en competencia es conocer los puntos débiles del oponente y atacar por allí y conocer las debilidades del competidor nos dará la victoria.

La Empresa no debe tener una estrategia constante, lo mismo que el agua que no tiene forma constante: se llama genio a la capacidad de obtener la victoria cambiando y adaptando nuestra estrategia según el competidor.

## EL ENFRENTAMIENTO DIRECTO E INDIRECTO

La norma general para iniciar una competencia es que la empresa reciba las órdenes del mando superior y el

personal proceda a reunirse y a concentrarse.
¿Emprenderemos una lucha competitiva enfrentándonos cara a cara? Si lo hacemos así, deberemos tener en cuenta que conseguir las ventajas que pretendemos nos resultará muy arduo.
Si vamos a enfrentarnos por un mercado con la competencia, entonces deberemos dar la apariencia que no nos interesa ese mercado, pero, sí nos interesa y trataremos de llegar antes que nuestro oponente.
Nunca se debe olvidar que movilizar toda la empresa para un enfrentamiento competitivo, y así obtener alguna ventaja requiere de mucho tiempo, pero enfrentarnos con la competencia con parte de nuestra empresa, podría significar que no tenemos los recursos suficientes.
Una empresa que se enfrenta a su competencia sin disponer de un personal capacitado, de equipo adecuado y de recursos suficientes, es mejor que no entre en competencia, pues la perderá.
Si no conocemos el mercado, si no conocemos a la competencia en forma completa o casi completa, no se puede competir, ya que no podremos aprovecharnos de las ventajas que nos ofrece el mercado.
Solamente cuando se conoce en detalle el mercado que vamos a enfrentar entonces podremos competir.
La empresa establece su estrategia frente a la competencia, distrayendo a la misma para que no pueda conocer cuál es la situación real y por lo tanto no pueda imponer su supremacía. Se deberá entrar en competencia

## EL SUN TZU APLICADO A LA COMPETENCIA POR EL MERCADO

cuando se vea la posibilidad de obtener una ventaja y luego se deberá procede a confundir a la competencia utilizando diferentes tácticas, de manera que se pueda observar cómo reacciona frente a nosotros. Cuando podamos adaptarnos a su actuar, entonces podremos obtener la victoria.

En nuestro actuar debemos ser:
1. Tan rápidos que podamos llegar sin avisar y desaparecer como el relámpago.
2. Ordenados y disciplinados.
3. Voraces como el fuego, para derrotar a la competencia.
4. Inmóviles como una montaña para que no sepan en donde estamos.
5. Difíciles de identificar como si estuviésemos en la oscuridad.

El primero que inicia la lucha competitiva es el "invitado" "el último es el "anfitrión". El invitado la tiene difícil ya que dará a conocer su posición, sus planes, sus movimientos, su estrategia, el anfitrión la tiene fácil, pues sabrá adoptar las medidas, conocerá los movimientos y desarrollará su estrategia conociendo al invitado.

En una competencia la empresa debe evitar ser atraído hacia donde se encuentran los oponentes, se debe al mismo tiempo evitar las confrontaciones contra una empresa que se encuentre bien organizada, y cuente con mayores recursos que la nuestra.

No debemos oponernos a nuestra competencia dándoles las espaldas.

En otras palabras si nuestra competencia se encuentra en un terreno elevado ocupando una posición favorable y fuerte, y nos mira desde las alturas, no debemos atacarle, pues iríamos cuesta arriba debilitándonos y si la competencia efectúa un ataque y nosotros nos encontramos abajo, entonces no debemos hacerles frente.

No debemos perseguir a nuestra competencia cuando finja que está en retirada.

Todo el personal de la empresa debe ser los ojos y oídos de la misma, deben estar atentos a cualquier movimiento que haga la competencia y entregar el máximo de información a sus superiores. Se debe estar atento a las señales, mensajes y comunicaciones que envíe la competencia pero sin entrar en confusión.

Al mismo tiempo cuando entremos en competencia, deberemos enviar también nuestras señales y mensajes de que estamos presentes, pero estos deben ser confusos para que la competencia no sepa desde donde vendrá nuestro movimiento o los próximos que tengamos en vista.

La empresa frente a su competencia debe mostrar energía, una energía entusiasta que se proyecte hacia todo el personal, por lo que es necesario entonces que cuando se impartan las instrucciones de que se iniciará la competencia, esta comunicación deberá efectuarse en la mañana en presencia de todos los jefes que la comunicarán al resto del personal.

La empresa deberá evitar enfrentar a la competencia cuando esta se encuentre bien posicionada ni atacar un gran mercado, sino que deberá adaptarse a ese mercado y competir cuando veamos que punto débil nos ofrece la competencia.

Nunca se debe perseguir a la competencia cuando veamos que finge una retirada y menos a una competencia que es ducha en las artes de competir. Si la competencia retrocede y todavía tiene una posición fuerte, podemos encontrarnos con sorpresas.

En un enfrentamiento con la competencia no consuma todos los recursos, que implique rebajar salarios o dejar de pagar a su personal, tampoco presione a la competencia hasta llevarla a la desesperación.

## SOBRE LOS NUEVE CAMBIOS

Cuando la empresa se enfrente en un mercado cerrado, es necesario preparar alguna estrategia y no permanecer inmóvil, sino que debemos movernos, pues estamos en un mercado que es desconocido para nosotros.

Un mercado cerrado significa que existen empresas competidoras que rodean a nuestra empresa por todas partes y por lo tanto la competencia dispone de movilidad que le permite moverse con libertad, pero que a nuestra empresa le significa dificultades para salir y volver.

Si vamos a ingresar a un mercado con el objetivo de competir, deberemos entonces estudiar todas las rutas que ofrece ese mercado. Así entonces, hay empresas que no deben ser atacadas, mercados que no deben ser rodeados, mercados sobre los que no se debe competir.

En razón de lo anterior, los ejecutivos que conocen las variables posibles para aprovecharse del mercado, podrán entonces manejar las fuerzas de su empresa.

Por otro lado si los gerentes no saben cómo adaptarse de manera ventajosa, aunque conozcan las características del mercado y de la competencia, entonces no podrán aprovecharse de esas características.

Un ejecutivo al mando de su empresa que ignore el cómo adaptarse totalmente, aunque conozca el objetivo a lograr, no podrá hacer que el personal se identifique con la empresa en la lucha competitiva.

Si se es capaz de ajustar la lucha competitiva conforme a la estrategia desarrollada, entonces la ventaja no cambiará.

En la lucha competitiva por alcanzar un mercado, no existe una estrategia permanente. Si se puede comprender este principio, entonces podremos hacer que la empresa y nuestro personal actúen de la mejor forma posible.

Un ejecutivo inteligente siempre debe analizar en forma objetiva tanto el beneficio como el daño que implicará para su empresa entrar en competencia. Cuando considera el beneficio, su acción se expandirá y cuando considera el daño, entones podrá resolver sus problemas.

Daño y beneficio son interdependientes, de allí entonces que a la competencia la retiene el daño que pueda sufrir

## EL SUN TZU APLICADO A LA COMPETENCIA POR EL MERCADO

en una lucha competitiva por un mercado, pero lo que los podría llevar al enfrentamiento es el beneficio que se pueda obtener.

Si la empresa desea entrar en competencia con otra u otras, tiene que previamente desarrollar su empresa, de manera que esta sea fuerte, con un personal capacitado e idóneo, que todos actúen como un todo, que exista armonía y disciplina.

De lo anterior se desprende que la empresa inserta en un mercado, no debe contar con que la competencia no acuda, sino confiar en tener los medios y los recursos suficientes como para en un determinado caso, enfrentarse a ella. No contar con que la competencia no nos ataque, sino confiar en poseer la ventaja competitiva que no pueda ser atacada, por ejemplo un producto innovador, uno producto que no pueda ser imitado.

Una empresa y menos sus ejecutivos nunca deben olvidar cuando están en un mercado tranquilo y a salvo de la competencia, que siempre existirá el peligro y el caos latente, de manera tal que deberán permanecer atentos cuando el peligro se presente y en lo posible evitarlo. Sun Tzu dice que es la mejor estrategia de todas. Siempre estar preparados.

**Existen cinco rasgos que son peligrosos en los ejecutivos:**

1. Los que están dispuestos a competir hasta el final sin importar el costo; pueden perder la empresa.

2. Los que quieren preservar la empresa; pueden ser absorbidos por la competencia.
3. Los que son apasionados irracionales; pueden ser ridiculizados.
4. Los que son demasiado moralistas y éticos, pueden ser sorprendidos.
5. Los que son compasivos, pueden ser arrasados.

**Los buenos ejecutivos actúan de otra manera:**

1. Se comprometen hasta el final con la empresa, pero no se aferran a la esperanza de permanecer en el puesto.
2. Actúan de acuerdo con los acontecimientos, en forma racional y realista.
3. No se dejan llevar por sus emociones ni quedan sujetos a ser confundidos.
4. Cuando ven una oportunidad, atacan y en caso contrario cierran sus puertas.
5. Su acción o no acción es una cuestión de estrategia.
6. No se complacen ni se enfadan.

## **SOBRE LA DISTRIBUCIÓN DE LOS MEDIOS**

¿Conocemos realmente a nuestra competencia o creemos conocerla?

## EL SUN TZU APLICADO A LA COMPETENCIA POR EL MERCADO

Como se ha explicado anteriormente, es fundamental el que nos conozcamos a nosotros mismos, para luego conocer a los otros.

La lucha competitiva es el resultado de los planes y las estrategias con la finalidad de aplicar las mejores ventajas para ganar. Estos planes y estrategias, determinarán nuestra movilidad y la efectividad de nuestro personal.

Si ingresa a un mercado en donde se encuentra la competencia, primero deberá observarla, y luego instalarse en forma rápida de, manera que la competencia no se dé cuenta que estamos ingresando en su terreno. Desde allí vigilar sus movimientos.

Se debe competir cuando las condiciones sean favorables para nosotros, es decir hay que competir cuando estemos arriba y nunca cuesta arriba.

Par competir, hay que evitar que la competencia divida nuestras fuerzas, hay que evitar que la competencia cree confusión, por ejemplo en nuestro personal y nuestros ejecutivos, si esa la intención, entonces nos encontramos en condiciones desfavorables y deberemos alejarnos lo antes posible.

Por el contrario, es nuestra empresa la que tiene que lograr que la competencia divida sus fuerzas, si se logra, podemos alcanzar la victoria.

Cuando tenemos una ventaja competitiva que implique una innovación o un producto que no se pueda imitar entonces estaremos en un terreno elevado y por lo tanto nuestro personal se halla a gusto y entonces más se potencia. Pero si estamos en un terreno bajo, es decir nuestra innovación puede dejar de ser o bien puede ser imitada, esto implicará dificultad en sostener la lucha competitiva.

La empresa que entra en competencia con otra deberá cuidar a su personal con los mejores recursos de que dispone, como por ejemplo, premios, mejores salarios, etc. ya que cuando esto sucede nuestra empresa será invencible.

Colocarse en la mejor parte del mercado siempre es ventajoso para una empresa.

La ventaja en una operación competitiva consiste en aprovecharse de todos los factores beneficiosos que nos ofrece el mercado.

Siempre que un mercado presente elementos infranqueables, altos riesgos, consumidores satisfechos, tecnología superior a la nuestra, etc., se debe abandonar rápidamente y no acercarse a el . Pero, si tengo un producto innovador, un producto con una alta diferenciación, un producto imposible de imitar, etc. la empresa podrá entonces competir frente a frente tratando en lo posible de que la competencia quede en un terreno desventajoso.

Cuando la competencia se encuentra cerca, pero en calma, esto quiere decir que se halla en una posición fuerte. Cuando está lejos pero sabe de nosotros e intenta que nos demos a conocer, nos está solicitando que entremos en competencia.

## EL SUN TZU APLICADO A LA COMPETENCIA POR EL MERCADO

Si la competencia no conserva una posición que le es favorable y se sitúa en otro lugar de su conveniencia, es por qué probablemente tiene una ventaja táctica que lo hace obrar de esta manera.

Si estamos insertos en un mercado y escuchamos una publicidad nueva de un producto que para nosotros es competitivo, es que nuestra competencia se acerca.

Si los emisarios de la competencia están dando entrevistas de prensa y emplean palabras humildes, es necesario que nuestra empresa envíe espías para observar a la competencia y así poder comprobar que está aumentando sus preparativos para una fuerte campaña.

Si la competencia ve una ventaja pero no la aprovecha, es que está agotado.

Si en la empresa competidora se ven rasgos de indisciplina, esto nos indica que el gerente no es tomado en serio.

Si el informe que la empresa recibe de su competencia nos dice que en el personal hay murmuraciones, que hay faltas a la disciplina y que el personal habla mucho entre sí, quiere decir que se ha perdido la lealtad del personal hacia esa empresa.

1. Las murmuraciones describen la expresión de los verdaderos sentimientos.
2. Las faltas a la disciplina indican problemas con los superiores.
3. Cuando los directivos han perdido la lealtad de su personal, estos se hablan con franqueza entre sí

sobre los problemas con sus superiores.

Si la empresa competidora otorga demasiados premios y recompensas a su personal, entonces es que se halla en un callejón sin salida.

Si la empresa competidora, orden muchos castigos como rebajas de sueldos o despido de personal, es que se encuentra desesperado.

Cuando la fuerza de la competencia se encuentra agotada, por lo general otorga constantes recompensas a su personal, para evitar que estos se rebelen en masa.

Cuando el personal de la empresa está tan agotado que les impide cumplir órdenes, entonces son sancionados con rebajas de salarios o despidos con la finalidad de restablecer la autoridad.

La competencia que actúa aisladamente, sin informar a su personal, que carece de estrategia y que toma a la ligera a sus adversarios, inevitablemente acabará siendo derrotada.

Si el ejecutivo que desarrolla un plan que no contiene una estrategia de retirada o posterior al enfrentamiento y confía exclusivamente en su personal, tomando además a la ligera a sus adversarios sin valorar su condición, con toda seguridad, será desplazado.

El ejecutivo deberá conseguir en primaria instancia la lealtad de su personal para que acaten sus órdenes, ya que si existe un sentimiento de aprecio y confianza significa que el personal está vinculado con el mando. Por lo tanto el ejecutivo deberá dirigir a su personal con humanidad y disciplina. En otras palabras el ejecutivo deberá mandar con humanidad y benevolencia y unificarlos de manera estricta y firme. Cuando la benevolencia y la firmeza son evidentes, es posible estar seguro de la victoria.

Cuando las órdenes se dan de manera clara, sencilla y consecuente al personal, éstos las aceptan. Cuando las órdenes son confusas, contradictorias y cambiantes el personal no las acepta o simplemente no las entienden.

Si las órdenes son razonables, justas, sencillas, claras y consecuentes, existe una satisfacción recíproca entre el ejecutivo y su personal.

## **SOBRE LA TOPOLOGIA**

Algunos mercados son fáciles, otros difíciles, algunos son neutros, otros pequeños, accidentados o abiertos.

Cuando el mercado sea accesible, deberemos ser los primeros en establecer nuestra posición, una posición adecuada que implique buenas vías de comunicación, de aprovisionamiento, etc. Así tendremos ventajas cuando entremos en competencia.

Si estamos en un mercado difícil de salir, entonces estamos limitados. Sin embargo si en este mercado la competencia no se encuentra preparada, se puede ganar si se sigue adelante, sin embargo si encontramos una competencia preparada en un mercado difícil y no obstante esto, seguimos adelante, tendremos dificultades para volver nuevamente a ese mercado, hecho que jugará en contra nuestra.

Cuando el terreno sea desfavorable para ambos bandos, es decir nuestra competencia y nosotros, se dice entonces de que estamos en un mercado neutro, incluso si la competencia nos ofrece ventajas, no debemos aprovecharnos de ella, simplemente retirémonos, con lo cual induciremos a nuestra competencia a mostrarse y conocer su forma de actuar, cuando reconozcamos sus puntos débiles, entonces podremos entrar en competencia en condiciones favorables a nuestra empresa.

Si nos encontramos en un mercado pequeño y si somos los primeros en llegar, entonces deberemos ocuparlo en su totalidad y esperar a la competencia a que esta se presente. Si la competencia llega antes a un mercado pequeño, no lo persigamos si este no nos muestra un punto débil, pero si identificamos un punto débil favorable a nosotros entonces podemos hacerlo.

En un terreno accidentado, que implica falta de vías de acceso expeditas, materias primas, canales de distribución, etc., si nuestra empresa es la primera en llegar, se deben ocupar sus puntos más importantes y esperar a la competencia. Si ésta lo ha ocupado antes, entonces debemos retirarnos y no entrar en competencia.

En un mercado abierto, nuestras fuerzas se encuentran en igualdad de condiciones y es difícil provocar a la competencia a competir de manera desventajosa para ella.

## EL SUN TZU APLICADO A LA COMPETENCIA POR EL MERCADO

El entender estas seis clases de mercados es responsabilidad del ejecutivo y es imprescindible considerarlos, ya que estas son las configuraciones del mercado, los ejecutivos que las ignoran saldrán derrotados.

**Del personal de la empresa.-**
En una empresa podemos encontrar distintos tipos de personal:
1. El personal temeroso que huye frente a la competencia.
2. El personal que se retrae, se aísla o no se comunica.
3. El personal que se derrumba frente a situaciones adversas.
4. El personal que se rebela y no cumple las órdenes.
5. El personal que simplemente es derrotado.

En todo caso, ninguna de estas circunstancias constituye desastres naturales, sino que son debidas a los errores de sus ejecutivos.

No obstante lo anterior, el personal que actúa como un todo frente a la competencia, pero que sus ejecutivos les ordenan competir en una proporción de uno contra diez, saldrán derrotadas. Las empresas que tienen un personal capacitado, profesional, eficiente e idóneo, pero cuyos ejecutivos son débiles, entonces el personal quedara retraído, aislado e incomunicado.

Las empresas que tienen un personal débil, no preparado, sin capacitación, no profesionalizado, pero están al mando de ejecutivos fuertes, se verán en apuros frente a la competencia.

Cuando los ejecutivos superiores están encolerizados y además son violentos, enfrentándose por su cuenta a la competencia y por despecho, y cuando el gerente o los gerentes ignoran sus capacidades, la empresa de desmoronará.

Como norma general, para poder vencer a la competencia, todo el mando superior de la empresa debe tener una sola intención u objetivo y todo el personal de la empresa debe cooperar.

Cuando el gerente o sus directivos son débiles y carecen de autoridad, cuando las órdenes no son claras, cuando el personal no tiene solidez, y los niveles jerárquicos son anárquicos, se producirá el caos.

El gerente que es derrotado en una lucha competitiva por un mercado es porque fue incapaz de calibrar a la competencia, ya que entran en competencia con fuerzas superiores en número o con mejores recursos y no seleccionan a su personal según los niveles de preparación de los mismos.

Si se emplea a personal sin seleccionar, sin capacitar, sin especialización, etc., el ejecutivo está buscando su propia derrota.-

**Las formas de ser derrotado en un enfrentamiento**

## EL SUN TZU APLICADO A LA COMPETENCIA POR EL MERCADO

**competitivo.-**

1. No calibrar el número de fuerzas, ni fortaleza del oponente.
2. Ausencia de un sistema claro de recompensas y sanciones.
3. Insuficiente entrenamiento o capacitación del personal.
4. Demostrar una pasión irracional.
5. Ineficacia en la aplicación de la disciplina y el orden.
6. No seleccionar al personal más apto, resuelto y capacitado.

La configuración del mercado puede ser un apoyo para la empresa, para los gerentes y para los ejecutivos y constituye el curso de acción a seguir para calibrar a la competencia y asegurar la victoria.

Configurando el mercado podemos calcular los riesgos y el tiempo. Salen vencedores los que libran un enfrentamiento competitivo conociendo estos elementos; salen derrotados los que compiten ignorándolos.

Del análisis del mercado, de su estudio, de la investigación que de el se hace, señalan que estamos frente a una victoria segura sobre la competencia, entonces es apropiado entrar en competencia.

Si el análisis del mercado y de la competencia no indica una victoria segura, es adecuado no entrar en competencia.

Nunca se debe olvidar que en un enfrentamiento competitivo se deben investigar todas las variables, pues debemos preservar nuestra empresa, a su personal y mantenernos en el mercado.

**Del ejecutivo frente a su personal.-**

El ejecutivo y el mando superior de la empresa deberá mirar y velar por su personal, así ellos estarán dispuestos a seguirlos hasta el final; deberá cuidar su personal como si fueran sus propios hijos y lo acompañarán sin contemplaciones.
Pero el ejecutivo también debe entender que no debe ser tan amable con su personal que llegado el momento no pueda recurrir a ellos, tampoco tan indulgente que no le pueda dar órdenes ni menos tan informal que no pueda disciplinarlos, ya que entonces el personal se comportará como niño mimado y, por lo tanto, inservibles.
También el ejecutivo y el mando superior debe tener claridad en que tanto las recompensas ni las sanciones deben utilizarse solas, debe existir un justo equilibrio. En caso contrario el personal, se acostumbra solamente a disfrutar de las recompensas o bien a quedar resentido por todo.

Si el ejecutivo conoce a su personal y sus capacidades y por lo tanto estos son capaces de entrar en competencia, pero desconoce si la competencia es invulnerable o no a un enfrentamiento, tendrá sólo la mitad de posibilidades de ganar.

Si el ejecutivo conoce que la competencia es vulnerable, pero ignora si su personal está capacitado para entrar en competencia, entonces solo tendrá la mitad de posibilidades de ganar.

Si el ejecutivo sabe que su competencia es vulnerable y su personal puede llevar a cabo una lucha competitiva, pero desconoce si la condición del mercado es favorable para un enfrentamiento, entonces tendrá la mitad de probabilidades de vencer.

Por lo tanto los ejecutivos que conocen de estrategia, no pierden el tiempo cuando efectúan sus movimientos, no se agotan ni agotan a su personal cuando entablan una lucha competitiva.

Debido a esto se dice que cuando te conoces a ti mismo y conoces a los demás, la victoria no es un peligro.

## SOBRE LAS NUEVE CLASES DE MERCADOS

En una lucha competitiva por un mercado, podemos encontrar nueve clases de mercados.-

1. **Mercado de dispersión**. Se produce cuando intereses locales compiten entre sí en su propio mercado, de esta manera cuando las empresas están compitiendo por un mercado local, pueden entonces ser dispersados con facilidad, sin

embargo no es conveniente entrar en competencia en un mercado de dispersión ya que nuestro personal podría confundirse y abandonar la lucha competitiva.
2. **Mercado ligero**.-Es aquel que se presenta cuando entramos en un mercado ajeno pero no lo hacemos con gran profundidad de manera que si no nos resulta conveniente, entonces podemos regresar fácilmente a nuestra posición inicial. No debemos detenernos en un mercado ligero. No olvidar que un Mercado ligero se produce cuando hemos penetrado en el mercado de nuestra competencia, pero todavía no tenemos las espaldas cubiertas, no estamos realmente concentrados ni listos para entrar en la lucha competitiva. Nuestro personal todo debiera mantenerse en contacto
3. **Mercado Clave**.-Es aquel que nos puede resultar muy ventajoso si lo tomamos, pero también es ventajoso para la competencia si es ella quien lo conquista. Un mercado de lucha competitiva inevitable será cualquier enclave defensivo o mercado que para nuestros fines nos resulte estratégico. No se debe atacar un mercado clave en forma frontal cuando está ocupado por la competencia. No es ventajoso atacar a la competencia en un mercado clave. Lo que sí es ventajoso es llegar primero a él. En relación con

nuestro personal hay que apresurarlos para que lo tomen

4. **Mercado de comunicación.**-Es aquel mercado que es accesible tanto para nosotros como para los demás. En este mercado, no debemos permitir que nuestra empresa o nuestro personal sea dividido. En otra palabras, no debemos quedar aislados, pues de ser así pondríamos en peligro nuestra ruta de suministros. Es Conveniente establecer alianzas sólidas

5. **Mercado de intersección.**-Es aquel mercado que se encuentra rodeado por tres mercado rivales y es el primero que proporciona libre acceso a él y a todo el mundo. Es el Mercado que nos abre camino a todas las vías de comunicación uniéndolas entre sí. Debemos ser los primero en ocupar un mercado de este tipo ya que los clientes y consumidores se pondrán de nuestro lado. Si lo obtenemos nos encontraremos seguros, si lo perdemos correremos peligro. Por ejemplo una empresa que se identifique con la zona. En un mercado de intersección es conveniente el establecimiento de alianzas las que debemos mantener, ya que si las perdemos, nos encontraremos en peligro. En este mercado hay que prestar atención a la defensa.

6. **Mercado difícil.**-Es aquel mercado ajeno en el que nos introducimos en profundidad, alejándonos de nuestra casa matriz y del apoyo

directo que pueda entregarnos. Es un mercado del que es difícil regresar. Para entrar a este tipo de mercado, debemos hacerlo aprovisionados, es decir reunir todo lo necesario para permanecer allí por mucho tiempo. En un mercado difícil es necesario asegurar los suministros de forma continuada.

7. **Mercado desfavorable**.-Cuando encontramos mucha competencia, muchos productos que compiten con los nuestros, competencia demasiado fuerte, competencia organizada, vías de comunicaciones poco accesibles, productos posicionados etc., es que nos encontramos en un mercado desfavorable. En estos mercados, si no podemos atrincherarnos, debemos apresurarnos en salir, urgiendo a nuestro personal a hacer lo mismo.

8. **Mercado cercado**.-Cuando veamos que el mercado es estrecho y la salida del mismo es tortuosa, de manera tal que cualquier competencia por pequeña que sea pueda atacarme, aunque nuestra empresa cuente con mayor infraestructura y mayor cantidad de personal, es que nos encontramos en un mercado cercado. Si somos capaces de adaptarnos a el, podemos entonces competir y salir airosos. Para ello deberemos hacer planes, introducir y utilizar tácticas sorpresivas. En un terreno cercado hay que cerrar

las entradas al ingreso de nueva competencia.
9. **Mercado mortal.**-Es el mercado en donde la rapidez es fundamental para la sobrevivencia de la empresa ya que de no ser lo más rápido posible, simplemente nuestra empresa morirá. En este tipo de mercado, toda la empresa competirá de forma espontánea. Sun Tzu dice "Sitúa a la empresa en un terreno mortal y sobrevivirán".En un mercado mortal deberemos decirle a nuestro personal que si no luchan por su empresa no hay ninguna posibilidad de permanecer en el mercado.

## **CONSEJOS PARA LOS EJECUTIVOS**

Un ejecutivo experto en estrategia empresarial debiera al iniciar una lucha competitiva hacer:

- Hacer que la competencia pierda el contacto entre su vanguardia y su retaguardia.
- Hacer que la competencia pierda el contacto entre la casa matriz y sus sucursales de tenerlas.
- Hacer que la competencia pierda el interés recíproco por el bienestar de los diferentes niveles jerárquicos.
- Hacer que la competencia pierda el apoyo mutuo entre los directivos y el personal.
- Hacer que la competencia aisle al personal y sea

poco coherente.
- Entrar en competencia cuando tengan la ventaja a su favor y retenerse en caso contrario.
- Introducir cambio para confundir a la competencia, compitiendo aquí y allá.
- Sembrar la confusión entre la competencia, evitando que puedan hacer planes.
- Actuar en forma rápida, pues la rapidez es el factor esencial de la fuerza competitiva.
- Aprovecharse de los errores de la competencia.
- Desplazarse por espacios que ellos no esperan.
- Competir cuando se encuentren desprevenidos.

Para aprovecharse de la falta de preparación, de visión y de cautela de la competencia, es imprescindible actuar con rapidez, si se muestran dudas, entonces los errores que se cometan no servirán de nada.

Cuando la competencia invade nuestro mercado, cuanto más se adentra en nuestro territorio, más fuerte se hace, hasta que ya no podremos sacarlos del mercado.

Que la competencia nunca sepa cómo nos movemos, en donde nos encontramos y cuáles son nuestros planes.

El directivo deberá consolidar entre su personal la energía que estos demuestran en la misión que emprenderán, al mismo tiempo deberá mantener en secreto de cómo se iniciará la competencia, cuando se iniciarán, quienes la iniciarán y fundamentalmente cual o

# EL SUN TZU APLICADO A LA COMPETENCIA POR EL MERCADO

cuales serán los planes que se aplicarán, de manera que la competencia se encuentre desprevenida, desconozca nuestra acción y nuestra empresa espere el momento adecuado y vislumbre los puntos débiles de la competencia para iniciar la lucha competitiva.

Al mismo tiempo se deberá comunicar al personal que nuestra competencia puede destruirnos si no hacen bien lo que se tiene que hacer y no cumplen con la tarea que cada uno tiene asignada, de manera tal que si no tiene otra salida, ellos se emplearán a fondo para salir victoriosos. Esto significa que cuando la fuente de trabajo se encuentra en riesgo, sea cual sea el nivel jerárquico, todos tendrán el mismo objetivo y por lo tanto estarán atentos sin necesidad de ser estimulados, de recibir demasiadas órdenes y los directivos podrán entonces confiar en ellos sin necesidad de promesas o de diferencia de niveles jerárquicos.

Evitar a quienes siembran la discordia entre el personal o crean dudas en que serán derrotados, con ello el personal nunca abandonará el objetivo por el cual está compitiendo.

Una operación competitiva preparada con pericia debe ser como una serpiente veloz que contraataca con su cola cuando alguien la ataca por la cabeza, contraataca con la cabeza cuando alguien la ataca por la cola y contraataca con cabeza y cola, cuando alguien la ataca por el centro. En otras palabras, la empresa debe estar preparada como un todo, personal, recursos, etc., para llevar a cabo una lucha competitiva por ganar un mercado.

Cuando todo el personal de la empresa se encuentra unido, incluso los funcionarios que se tienen antipatías, se ayudarán entre sí en caso de que esté en peligro la fuente laboral.

El ejecutivo, puede tener todo el personal a su favor, puede disponer de todos los recursos, puede que al momento de enfrentar a la competencia, la situación le sea favorable, pero aún así puede que no todo sea seguro, razón por la cual, es necesario entonces que el ejecutivo, disponga de variantes o variables en término de planes y estrategias, para poder tomar las decisiones adecuadas en caso de que se presenten situaciones desfavorables, que pueda hacerle perder posiciones ganadas.

Si se obtiene la ventaja en un mercado, entonces se puede vencer a la competencia, incluso si nuestra empresa y nuestro personal no es el más capaz, Ahora, si contamos con un personal profesional, capacitado y osado ¿Qué más podríamos obtener de ese mercado? Lo que hace posible obtener la victoria sobre nuestra competencia no es cuál es el tipo de personal con el que cuenta la empresa, sino cuales son las circunstancias que nos ofrece el mercado.

De lo anterior se desprende que el gerente debe lograr la cooperación de todo el personal, de manera tal que dirigir a un grupo sea como dirigir a una sola persona.

La filosofía de Sun Tzu descansa en dos principios:

## EL SUN TZU APLICADO A LA COMPETENCIA POR EL MERCADO

1. Todo el Arte de la Guerra se basa en el engaño.
2. El Supremo Arte de la Guerra es someter al enemigo sin luchar.

Para que ocurra lo anterior deberemos disponer de **gerentes y ejecutivos** con éstas características:

1. Ser tranquilo.
2. Reservado
3. Justo
4. Metódico

Los planes son tranquilos y absolutamente secretos para que nadie pueda descubrirlos. Su mando es justo y metódico, así nadie lo tomará a la ligera.
El gerente o ejecutivo puede mantener a su personal sin información y en completa ignorancia de sus planes.
Puede cambiar sus acciones y revisar sus planes, de manera que nadie pueda reconocerlos. Al mismo tiempo, puede cambiar su emplazamiento (su mercado), desplazándose por caminos sinuosos, de manera que la competencia no pueda desplazarse.
En una lucha competitiva se puede ganar en la medida que nadie pueda entender en ningún momento cuáles son sus intenciones.
El principal engaño que se valora no se dirige solo a la competencia, sino que comienza con el propio personal de la empresa, de manera de hacer que le sigan a uno sin saber a dónde van. Cuando un gerente fija una meta a su

personal, es como el que sube a un lugar elevado y después retira la escalera.

Cuando un gerente se adentra muy al interior del mercado de la competencia, está poniendo a prueba todo su potencial.

Un gerente examina las adaptaciones a los diferentes mercados, las ventajas de concentrarse en uno solo o dispersarse en varios.

Cuando se habla de ventajas y de desventajas de la concentración y de la dispersión, quiere decir que las pautas de los comportamientos de las personas cambian según los diferentes tipos de mercados.

La pauta general de quienes invaden nuestro mercado es unirse cuando están en el corazón de nuestro mercado, pero tienden a dispersarse cuando están en el límite de nuestro mercado.

Los gerentes que ignorar los planes de la competencia no pueden preparar alianzas.

Si el gerente o ejecutivo puede averiguar los planes de la competencia, deberá entonces aprovecharse del mercado y mover a la competencia de manera que se encuentre indefensa; en este caso ni siquiera un gran mercado, ni una gran empresa puede reunir la fuerza suficiente como para detenernos.

La tarea de toda operación competitiva es fingir acomodarse a las intenciones de la competencia. Si nos concentramos totalmente en esta tarea, podemos destruir a los ejecutivos de la competencia. A esto se llama cumplir un objetivo con pericia.

Lo anterior significa que nos acomodamos a sus intenciones y luego destruimos a sus ejecutivos.

Al personal se le emplea solamente para que compitan, sin comunicarles nuestra estrategia.

Desde el día en que se decide entrar en competencia, se cierran las puertas de nuestra empresa, se rompen los pases de libre acceso, se impide el paso de personas que podrían enterarse de nuestras pretensiones y todos los asuntos relacionados con nuestro objetivo se deciden en forma rigurosa desde que se comienza la planificación y se establece las estrategias desde la casa matriz.

El rigor en la jerarquía máxima de la empresa en la fase de planificación se refiere al mantenimiento del secreto.

Cuando la competencia nos ofrezca oportunidades, deberemos aprovecharlas en forma inmediata.

La empresa deberá enterarse primero de cuáles son las pretensiones de la competencia y después anticiparse a ella. Se deberá mantener la disciplina y adaptarse a la competencia, para determinar el resultado fina de la lucha por el mercado. Al comienzo, actuar como una doncella para que la competencia nos abra sus puertas y luego actuar como una liebre suelta para que esa competencia no pueda expulsarnos del mercado.

## SOBRE EL ARTE DE ATACAR POR EL FUEGO

El uso del fuego tiene que tener una base, y exige ciertos medios. Existen momentos adecuados para encender fuegos. Concretamente cuando conocemos a la competencia, sus puntos débiles, sus fortalezas, sus planes, sus estrategias y nos sentimos aptos para competir con ella.

Normalmente, en ataques mediante el fuego es imprescindible seguir los cambios producidos por éste.

Atacar por el fuego significa entre otras cosas, crear el caos, la confusión en la competencia, crear animosidad, animadversión, antipatía, envidia, confusión entre su personal en todos sus niveles.

Cuando ya el fuego está instalado al interior de la competencia, deberemos prepararnos rápidamente desde fuera. Si el personal se mantiene en calma cuando el fuego se ha declarado, deberemos esperar y no competir. Cuando el fuego alcance su punto álgido, deberemos entrar en competencia si podemos, si no, deberemos esperar.

Cuando el fuego pueda ser prendido en campo abierto, por ejemplo conversar con los vendedores de la competencia, con sus publicistas, con su personal en terreno, no debemos esperar a iniciarlo al interior de la competencia, solamente deberemos hacerlo cuando creamos que el momento es oportuno.

Cuando el fuego sea atizado por otros competidores, no debemos competir en dirección contraria a estos.

No basta con saber cómo atacar a los demás con el fuego, es necesario saber impedir que la competencia nos ataque a nosotros de la misma forma.

Un buen mando empresarial no entra en competencia si

no hay ventajas que obtener, no actúa cuando no hay nada que ganar ni compite cuando no existe peligro.
De manera tal que se deberá actuar cuando sea beneficioso en caso contrario debemos desistir.

## SOBRE LA INFORMACION DE LA COMPETENCIA

Se dice y hoy con mucha mayor razón que "la información es poder", por lo tanto el obtenerla implica conocimiento. En una empresa es bueno disponer de información, lo que no es bueno es guardarse información, no utilizarla en su beneficio.
Quien sabe obtener información, filtrarla y usarla, sin lugar a dudas que tiene una ventaja sobre los otros.
Un enfrentamiento por un mercado en una lucha competitiva, significa un gran esfuerzo para cualquier empresa, esta competencia puede durar años para quizás obtener una victoria por un día.
Quien falle en conocer la situación de la competencia, aduciendo como causa la de economizar en gastos para destinarlos a la investigación y estudio de esa competencia, resulta completamente impresentable y no es típico de un buen gerente o directivo empresarial. Por lo tanto lo que posibilita a una empresa inteligente y a una gerencia sabia, es vencer a la competencia y lograr triunfos extraordinarios con esa información que resulta esencial para conocerla y conocer sus debilidades.

La información que se necesita para obtener datos de la competencia, no se obtiene ni de fantasmas ni de espíritus, tampoco se puede obtener por analogía, ni descubrirse mediante cálculos. La información requerida por la empresa se debe obtener de personas; personas que conozcan la situación de la competencia.
Existen cinco clases de informantes:

1. El informante nativo
2. El informante interno
3. El doble informante
4. El informante liquidable
5. El informante flotante.

Si todos los anteriores se encuentran en actividad y nadie conoce sus operaciones, es lo que se llama genio organizativo y se aplica al gerente.

> 1. El informante nativo se contrata entre los habitantes insertos en el mercado, como por ejemplo, dependientes de negocios a donde llega la competencia, distribuidores, pequeños comerciantes, etc.
> 2. Los informantes internos se contratan entre los funcionarios y personal de la competencia. Entre los funcionarios de la empresa competidora se hallan aquellos con los cuales podemos establecer contacto y a los que se puede sobornar para

averiguar la situación de la competencia, así podremos descubrir cualquier plan que se trame en contra de nuestra empresa. También pueden ser utilizados para atacar por el fuego, creando desavenencias y desarmonías entre los funcionarios de la competencia.
3. Los informantes dobles se contratan entre los informantes de la competencia.
4. Los informantes liquidables son aquellos que trasmiten datos falsos a los informantes de la competencia.
5. Los informantes flotantes son aquellos que vuelven para traernos sus informes.

Los informantes son tan importantes que el trato para con ellos es familiar y las recompensas notables. No existe nada más secreto que la obtención de información.

Los informantes son útiles en todas partes, pero si no se les trata bien, pueden convertirse en renegados y trabajar para la competencia.

Para utilizar informantes, estos deben ser sagaces y con conocimiento, deben ser humanos y justos y no se puede obtener la verdad de un informante si no se es sutil.

Cada cosa que se pretenda emprender requiere de un conocimiento previo.

Si algún asunto relativo a la información entregada es divulgado antes de que el informante haya informado, el informante y el que haya divulgado la información deben ser despedidos.

Siempre que se quiera entrar en una lucha competitiva por un mercado, se debe conocer previamente la identidad de los que dirigen la empresa competidora, sus cualidades, donde estudiaron, sus debilidades, sus fortalezas, sus gustos, pasiones, etc. Lo mismo debe hacerse con quienes sean sus aliados, sus visitantes, su plana mayor, los auxiliares, por lo tanto la empresa debe hacer que los informantes averigüen todo de ellos.

Siempre que nos vayamos a enfrentar en una lucha competitiva, deberemos conocer primero los talentos de los servidores de la competencia y así podremos enfrentarnos a ellos según sus capacidades.

La empresa debe buscar informadores de la competencia que hayan venido a requerir información de nuestra empresa, sobornarlos e inducirlos a pasarse a nuestro lado, para poder utilizarlos como informantes dobles. Con la información que se obtiene de esta manera, se pueden encontrar informantes nativos e informantes internos para contratarlos.

Con la información obtenida de éstos, la empresa puede fabricar información falsa sirviéndose de informantes liquidables. Con la información así obtenida, se puede hacer que los informantes flotantes actúen según los planes previstos.

Los informantes dobles son muy importantes, pues ellos nos darán a conocer a los otros tipos de informantes. Por lo tanto deben ser muy bien tratados.

Un gerente que sepa utilizar a los informantes más

inteligentes, podrá estar seguro de la victoria.

La información es esencial para las operaciones competitivas y las empresas dependen de ésta para llevar a cabo sus acciones.

No es ventajoso para una empresa actuar sin conocer la situación de la competencia y conocer la situación de la competencia no es posible sin la información.

## LO QUE UN DIRIGENTE EMPRESARIAL NUNCA DEBE OLVIDAR

**1. Aprende a combatir.** La competencia es inevitable en la vida. Además, la competencia se produce en todos los aspectos de la vida. Sun Tzu nos advierte que todo lo aprendamos sobre el arte de competir será poco. Por otra parte, no obstante, Sun Tzu nos previene de la competencia por la competencia. Advierte que competir simplemente para enriquecerse o vencer sin ser capaces de aprovecharse de la victoria es arriesgado y costoso.

La competencia debe producirse cuando podemos ganar algo importante o cuando estamos en peligro. Por otra parte, en las situaciones competitivas no debemos permitir que nuestras emociones rijan nuestros actos. Las emociones nublan la razón y destruyen la objetividad, y ambas cosas son necesarias para el éxito competitivo continuado. La pérdida del control emocional es un obstáculo de primer orden, así como un arma peligrosa en manos de la competencia.

**2. Muestra el camino.** Sun Tzu nos dice que el liderazgo determina por sí sólo el éxito. El liderazgo es un tema candente en el mundo moderno de los negocios. Y, naturalmente, era igualmente importante en la antigua China. ¿Cómo definiría Sun Tzu el liderazgo? Confucio, que fue contemporáneo de Sun Tzu, enseñó muchas cosas acerca del liderazgo en sus Analectas. Un análisis de las enseñanzas confucianas pone de manifiesto que Confucio creía que el liderazgo eficaz proviene de siete características: la autodisciplina, la decisión, el logro, la responsabilidad, el conocimiento, la cooperación con los subordinados y el ejemplo. (Muchos líderes importantes de la historia antigua y moderna – Alejandro Magno, Julio César, Jesucristo, Lincoln, Grant, Lee, Lawrence, Roosevelt, Patton, Marshall y otros – dan muestras de poseer estas características).

- La autodisciplina. Significa que el líder tiende a ajustar su vida a una serie de reglas que considera adecuadas para él y aceptables para sus electores. No necesita motivaciones exteriores para rendir.

- La decisión. Significa que el líder trabaja para alcanzar objetivos que son importantes para sus electores y que no limita sus metas al marco estrecho de su propio interés.

## EL SUN TZU APLICADO A LA COMPETENCIA POR EL MERCADO

- El logro. Significa que el líder define los resultados por la satisfacción de las necesidades de sus electores.

- La responsabilidad. Significa que el líder responde de los resultados de sus decisiones y de sus actos.

- El conocimiento. Significa que el líder aspira constantemente a mejorar su comprensión y su capacidad.

- La cooperación. Con los subordinados significa que el líder trabaja en colaboración con sus electores para alcanzar objetivos previamente acordados.

- El ejemplo. Significa que el líder muestra el camino por sus propios actos.

**3. Hazlo bien.** Toda ventaja competitiva se basa en la ejecución eficaz. La planificación es importante, pero los actos son la fuente del éxito. Sin actos eficaces, la planificación es un ejercicio estéril. Los teóricos modernos de la gestión creen que la tendencia a actuar más que a planificar mejora sustancialmente las posibilidades de éxito.

Sun Tzu afirma que la ventaja competitiva surge cuando se crean oportunidades favorables y, a continuación, se actúa aprovechando estas oportunidades en el momento adecuado. En otras palabras, los ganadores son los que hacen lo correcto en el momento correcto.

Pero Sun Tzu nos recuerda también que debemos moderar el deseo de actuar por la necesidad de ejercitar la paciencia. Nos enseña que nosotros mismos podemos conseguir situarnos en una posición en la que no podamos ser derrotados, pero que la oportunidad de vencer nos la deben brindar los demás. Por lo tanto, debemos estar dispuestos a esperar. El mero hecho de que sepamos vencer no significa que podamos vencer. Avanza cuando sea ventajoso y detente cuando no lo sea.

**4. Conoce los hechos.** Para alcanzar el éxito, debes gestionar la información. La información es la savia vital de los negocios. Sun Tzu dice que la información, o la falta de información, determinan las posibilidades de éxito. Según él, si se dispone de una información fiable y suficiente, la victoria es segura. Sun Tzu enseña que la gestión de la información tiene dos aspectos. El primero de estos aspectos es la recogida de información. El segundo es la emisión de información. Se recoge información para tomar buenas decisiones. Se emite información para confundir a la competencia. En cualquiera de los dos casos, deberás conocer los hechos reales, o fracasarás.

## EL SUN TZU APLICADO A LA COMPETENCIA POR EL MERCADO

La mejor información es la que procede del conocimiento de primera mano. Sun Tzu recomienda decididamente el empleo de agentes y de informadores para que recojan y transmitan la información de primera mano. Esto puede parecer siniestro, pero en realidad las operaciones informativas son importantes y necesarias. Todas las organizaciones y todos los individuos realizan operaciones informativas en mayor o menor medida. Las organizaciones prudentes consideran fundamentales las operaciones informativas e invierten en ellas los recursos necesarios para que resulten rentables.

Sun Tzu nos previene contra la "sabiduría popular". La sabiduría popular es el conjunto de supuestos no demostrados, de especulaciones sin base y de opiniones aceptadas por todos que se encuentran presentes en cualquier grupo de personas. Es muy peligroso no poner en tela de juicio la sabiduría popular. Los hechos fiables siempre preceden a los actos victoriosos.

La mayoría de las decisiones que se toman durantes las actividades competitivas tienen un elemento de incertidumbre. Sencillamente, no podemos saberlo todo. Aún así, es preciso tomar decisiones. Sun Tzu nos dice que lo estudiemos todo y que tomemos nuestras decisiones sopesando las posibilidades de éxito. En otras palabras, Sun Tzu nos dice que evaluemos las probabilidades de éxito antes de actuar. Los gestores modernos tienen acceso a una serie de técnicas estadísticas sencillas pero poderosas que les ayudan a cuantificar el grado de incertidumbre asociado a la información. Deming y otros autores han demostrado que éstas técnicas mejoran grandemente la calidad de las decisiones. El éxito en el campo de batalla de la información depende de saber usar las estadísticas sin abusar de ellas.

**5. Espera lo peor.** Sun Tzu pronuncia una seria advertencia. No supongas que la competencia no atacará. Confía, más bien, en una preparación adecuada para derrotarla. Si buscas algo que te obligará a competir con otro para obtenerlo, es una tontería suponer que esa persona o esa organización se quedarán en estado de letargo. Lo natural es que la competencia intente ganar la batalla. Por lo tanto, es necesaria una preparación adecuada.

Sun Tzu pronuncia otra advertencia relacionada con la preparación no abordes los problemas difíciles cuando no dispongas de recursos adecuados. Incluso con una estrategia superior, serás derrotado si te faltan recursos. Según Sun Tzu, no es necesario tener más hombres ni más dinero que el enemigo para triunfar. Lo que debemos hacer es observar de cerca a la competencia y centrar nuestros recursos en sus puntos flacos. Pero no infravalores al la competencia. Estudia cuidadosamente el significado de sus movimientos y de sus tácticas. Espera lo peor para triunfar.

**6. Aprovecha el momento.** El objetivo de la acción competitiva es la victoria rápida. El factor más importante del éxito de la competencia es la velocidad. Para vencer haz las cosas de manera sencilla siempre que puedas. Los métodos sencillos son eficaces y económicos. Pruébalos primero. Si no dan resultado, siempre tendrás tiempo de probar con otra cosa. Estar un paso por delante de la competencia vale más que cualquier otra ventaja. Cuando tú vas por delante, la competencia debe reaccionar.

La velocidad y la innovación son las claves para ir por delante. Haz cosas sencillas y hazlas bien. Si haces muchas cosas sencillas muy bien, aumentarás espectacularmente tus posibilidades de vencer. Esto se cumple, sobre todo, cuando tu competencia cree que la complejidad engendra el éxito.

Lo más frecuente es que la complejidad no engendre más que gastos fijos. Las estrategias que derrochan tiempo y que agotan los recursos nunca funcionan bien. Cuando el agua fluye, evita el terreno elevado y busca las tierras bajas. Del mismo modo, las estrategias de éxito evitan los métodos difíciles y buscan los fáciles.

**7. Quema las naves.** Cuando las personas están unidas en su propósito, ningún obstáculo les puede cerrar el camino. Sun Tzu aconseja al líder triunfador que se sitúe a sí mismo y a sus electores en situaciones en que estén en peligro de fracasar. Cuando las personas saben que pueden fracasar si no trabajan juntas, se unirán en su propósito y mantendrán su compromiso con una serie de metas y de objetivos. El líder triunfador empuja a sus electores hacia delante y después quema las naves tras ellos.

La motivación y el compromiso son las claves del liderazgo. Sun Tzu nos dice que las personas se motivan por las expectativas de beneficios. Cuando te enfrentes con obstáculos y con desafíos, centra la atención de tus electores en los beneficios del éxito. No les hables de los riesgos que se corren porque así se desmotivarían. Para ganarte su atención, préstales metas claramente definidas y recompensas valiosas. Trata bien a tu gente. Fórmala a conciencia. El éxito de la organización se construye con el éxito individual de sus miembros.

**8. Hazlo mejor.** Sun Tzu dice que en la guerra sólo hay dos tipos de tácticas: las esperadas y las inesperadas. Los comandantes en jefe eficaces combinan las tácticas esperadas con las inesperadas en función de los requisitos de la situación. Pero las tácticas que producen las oportunidades de victoria son las inesperadas. Ante las tácticas inesperadas o innovadoras no se puede preparar una defensa. La innovación es la única arma que te vuelve invencible. El poder de la innovación hace segura la victoria.

La innovación eficaz no tiene que ser necesariamente complicada ni difícil. Los programas de Gestión de la Calidad Total que han tenido éxito han demostrado el valor de mejorar las operaciones poco a poco. Esto se remonta hasta la idea de hacer bien las cosas sencillas. Un corolario de esta idea es realizar mejoras sencillas y con frecuencia. Un número elevado de mejoras sencillas pueden marcar una diferencia significativa en los rendimientos. Los ejecutivos que tiene habilidad para fomentar y para implantar las ideas innovadoras disponen de recursos infinitos en una situación competitiva.

**9. Empujad todos juntos.** La organización, la formación y la comunicación son las bases del éxito. Si organizas y formas a tus electores con claridad, serás capaz de controlar sus actos cuando compitas. Si la organización y la formación son difusas, las personas no serán de fiar. Te fallarán en el momento más crítico. No obstante, cuando todas las expectativas están claras y la estructura de la organización es adecuada para sus tareas, las personas confían en sus líderes y los siguen aún en circunstancias difíciles.

La formación es el elemento esencial para conseguir que la gente trabaje junta. La relación beneficios/coste de la formación eficaz es enorme cuando se combina con la organización adecuada y con un sistema de recompensas que no desmotive a la gente. A pesar de que sus beneficios son evidentes, la mayor parte lo llaman "formación" en los Estados Unidos es una pérdida total de tiempo y de recursos. ¿Por qué? ¡Porque es aburrida! La formación debe ser interesante para que sea eficaz.

La buena formación conduce a tener ideas y conceptos comunes. Las ideas comunes son esenciales para la comunicación clara. Eso es especialmente cierto en el calor de la competencia, cuando es crucial que gestiones a tus electores. Por otra parte, la formación eficaz engendra lealtad por parte de los electores. Sun Tzu nos dice que no podemos castigar a la gente mientras no se sientan leales a nosotros; es decir, mientras no se consideren miembros de nuestro grupo de electores. También nos dice que, si no podemos castigar a la gente, no podemos controlarla.

La formación eficaz mantiene informados a tus electores y fomenta la tranquilidad y estabilidad del grupo. Las personas que se sienten tranquilas y estables tienen más sanas las emociones y las mentes más despiertas. Mantén sanos a tus electores. Ahorra energía para las cuestiones importantes. Fomenta su estado de ánimo. Emplea

# EL SUN TZU APLICADO A LA COMPETENCIA POR EL MERCADO

cuidadosamente a tus electores para que dispongan de energía y de capacidad de reserva. De este modo serás capaz de aprovechar las oportunidades inesperadas y de la ventaja que proporciona la innovación.

**10. Que no adivinen tus intenciones.** Las mejores estrategias competitivas son informes. Son tan sutiles que ni la competencia ni tus electores son capaces de discernirlas. Si tu estrategia es un misterio, no podrán prevenirse contra ella. En consecuencia, los competidores estarán obligados a reaccionar después de que tu estrategia se pondrá de manifiesto. Esto te otorga una ventaja significativa. Como dice Sun Tzu: "¿Qué importa que un competidor tenga mayores recursos? Si yo controlo la situación, él no puede aprovecharlos." Disponiendo el control, los hábiles pueden forjar la victoria. Aunque la competencia sea fuerte, disponiendo del control puedes hacer que pierda la voluntad de luchar. Céntrate en tu objetivo. Conserva el control manteniendo secretas tus estrategias.

Para conseguir el control, apodérate de algo que quiera o que necesite tu competidor. Cuando tu competidor manifieste una debilidad, avanza rápidamente, sin previo aviso.

El éxito en el ataque directo depende en gran medida del engaño. Cuando menos sepa un competidor dónde quieres centrar tu atención, más fuerte serás tú. Si tu competidor tiene que organizar defensas en muchos puntos, estará débil en todas partes por la limitación de sus recursos

**FIN**

www.ingramcontent.com/pod-product-compliance
Lightning Source LLC
Chambersburg PA
CBHW061510180526
45171CB00001B/111